「鎖国」を開く

川勝平太 編著

同文舘

序　「鎖国」について

川勝 平太

「江戸時代の日本は鎖国をしていた」というのは、教科書で書かれていることであり、今日の日本人の通念でもある。しかし、それは正確ではない。「鎖国」という言葉を日本人は一九世紀になるまでもっていなかった。したがって、一八〇〇年以前の日本人には鎖国をしているという意識はまったくなかったのである。「鎖国」は後代の日本人がつけた名称である。しかも、日本人の自前の名称というより、外国人が日本をみたときのイメージであり、日本人にとっては外来の観念であった。「鎖国」という言葉は翻訳語として日本社会に登場したのである。

「鎖国」という言葉がはじめて日本社会に登場したのは、一九世紀冒頭の一八〇一年、長崎のオランダ元通事志筑忠雄が、ケンペル著『日本誌』の一部を和訳したときである。オランダ語原文の表題を逐語訳すると「今の日本人は全国を鎖して国民をして国中国外に限らず敢えて異域の人と通商せざらしむる事、実に所益なるに与れるや否やの論」であった。それはいかにも長たらしい。そこで、志筑はそれを思いきりちぢめて「鎖国論」とした。その後、しだいに「鎖国」という言葉がひろまった。

一八五七年にアメリカ使節タウンゼント・ハリスが来日した。そのとき、日本の海防係の書簡は「御三代様［徳川家康、秀忠、家光］寛永十三年［一六三六］、南蛮船を御制禁被遊候以来、和蘭陀［オランダ］之外、御厳禁と相成り、島原之逆徒伏誅之後、天下之為に鎖国之御法を御創建被遊云々」

としるしている。このことから知られるように、幕末になると「鎖国之御法」は一般通念としてひろまっていた。

なぜ、幕末の日本人が一九世紀の自国の特徴を「鎖国」という封鎖体系でイメージすることができたのであろうか。その根拠について考えてみよう。

第一に、中国というライバルが存在したことをあげなければならない。明代・清代の中国は、鎖国に似た「海禁」という制度をとっており、近世の日本はその中国をライバルとして政治経済システムを構築しようとした。日本は中国から文物の導入につとめたが、古代には律令に代表される政治システムの導入がきわだっていたのに対し、中世から近世にかけては倭寇の活動をふくめ貿易がさかんにおこなわれ経済システムの導入がきわだっている。当初は宋銭、つづいて大量の明銭が輸入され、木綿・陶磁器・砂糖・薬種のほか、後の西陣織の材料となる生糸などさまざまな物産が輸入された。その結果、中国と日本では、使う物が——使い方は異なったが——しだいに似かよった。中世から近世にかけるこの時代は、日本が中国に経済的にキャッチアップしようとした時代である。

たとえば中世には中国の輸入銭が日本国内で使われていたが、近世にはそれを国産の銅銭によって駆逐し、近世日本は貨幣面で自立した。そのほか中国が漢代からほこった輸出品は生糸である。元代に中国をおとずれたヴェニスの商人マルコ・ポーロも中国の生糸・絹織物に目をみはっている。徳川時代のはじめから百年間の日本は、中国から大量に「白糸」といわれた生糸、絹織物のほか、さまざまな物産を輸入していた。日本はその購入資金に国産の金銀銅を当てた。いいかえると長崎や対馬から貨幣が大量に中国に流出していた。新井白石によると、一六四八―一七〇八年の六十一年間に長崎から海外に流出した金は二三九万七六〇〇両、銀は三七万四二〇九貫目、銅の流出高は一六六三―一七〇八年の四十六年間に一億一万（ママ）一四四九万八七〇〇斤余に達したとある。一七世紀の徳川日本は、貿易をしていなかったどころか、輸入品を不可欠としていたのである。生糸は中国からの最大の輸入品であった。

しかし、一九世紀後半の開国後には、生糸はもはや輸入品ではなくなっていた。それどころか、生糸は、茶とならんで、幕末開国後の日本の最大の輸出品になった。そして、二〇世紀になると日本の生糸輸出は、ついに、中国の生糸輸出高を凌駕した。生糸は江戸時代から明治時代にかけて輸入品から輸出品へと転換したのである。この劇的な転換が可能となるには、江戸時代に生糸が国産化されていなければならない。銅銭や生糸は一例であるが、中国から輸入されていた木綿、陶磁器、茶、砂糖等々の国産化の達成こそが、鎖国というイメージを日本人がもつことのできた物的基礎となったのである。それは中国をライバルとした徳川日本の物づくりの発展を示している。

生糸の例は典型的であるが、江戸時代の日本と明・清代の中国との間には競争、いわばアジア間競争があった。日中間競争（アジア間競争）は、両者が欧米勢力に開国をせまられるまで、中国（明・清）は「海禁」を、日本は「鎖国」といわれる貿易制限をしていたので顕在化しなかった。アジア間競争は江戸時代には潜在していた。それが開国で一挙に顕在化したのである。

第二に、輸入品の国産化と関係するが、江戸時代中期に、日本が「自給自足」を確立したことは

「鎖国」イメージを確立するうえで大きい意味をもった。たとえば、一八一一年に平田篤胤は『古道大意』で「先づ日本国の歓ばしく、羨ましいことは、異国の人と交易せんでも、とんと困ることがない。そりゃどうしてかというに、先づ地勢が裕福で、外国の産物を取り寄せずとも宜しいからのことじゃ」としるして、自給自足をえらくほこっているのである。この記述からうかがえるように、江戸後期には自給自足が確立していたのである。そのことは、ほかにも、たとえば一八五四年にアメリカ海軍提督ペリーが「交易は有無を通じ大益に相成り候事にて、方今万国交易日夜盛んに相開け、之れにより国々富強に成る」と述べて通商を要求したとき、幕府の主席応接掛であった林大学頭が「日本は自国産物で十分足りており、外国商品がなくても不自由しない、それゆえ交易はしない」と答えているところからも知られる。幕末の日本人は自給自足をほこってさえいたとみられるのである。

ちなみに、興味深いことに、隣の中国人も自給自足をほこっていた。そのことは一七九三年にイギリス国王ジョージ三世の全権大使マカートニーが国書をたずさえて、中国との貿易の拡大を要求するために、中国をおとずれ、乾隆帝に謁見したときの事例からしられる。というのも、中国皇帝がイギリス国王にあたえた返書の一節には、こう書かれていた――「天朝の四海を撫育するは、ただ励精して治を図り、政務を弁理するのみ。奇珍の異宝は、たえて貴み重んぜず。爾（ナンジ）国王、このたび齎進せる各物は、其の誠心もて遠くより献ぜるを念い、特に該管衙門に諭して収納せしむ。其の実は、天朝の徳威は遠くおよび、万国来王す。種種の貴重の物、梯航して、ことごとく集まり、有らざるところなきは、爾の正使等の親しく見るところなり。然れども、たえて奇巧を貴ばず。たえてさらに爾の国の製弁せる物件を需むることなし」と。このように、中国皇帝は、マカートニーに対して、自国の地大物博をほこり、自給自足をしているから、イギリスの物産はなに一ついらないから早々に帰国せよ、といいはなったのである。

要するに日本人と中国人はともに自給自足をほこり、外国貿易をしりぞける態度をもっていた。日本の対外関係は幕末には中国ときわめて似たものになっていたのである。中国や日本が理想とした自給自足の経済システムは、欧米列強の自由貿易システムとは正反対のものである。

第三に、思想ないし世界観にかかわる理由がある。すなわち、自国を文明、外国を野蛮とみる「中華思想」の存在である。自給自足経済を支えた思想は中華思想である。それは、前述のマカートニーの訪問のおりに、乾隆帝が「爾国王、遠く重洋に在り、心を傾けて化に向い、特に使を遣し、恭しく表章を齎し、海に航して来庭し、万寿を叩祝し、並びに備（ツブ）さに方物を進め、用（モ）って忱悃（マコト）を将（イタ）す」とのべているところから知られるであろう。自給自足と中華思想とは表裏一体であった。「夷（野蛮）」の諸国は「華（文明）」の国に物産をもたらすが、「華」の中国は「夷」の国に通商をもとめない。しかも「厚往薄来の義」といわれるように、貢物よりも回賜品のほうが多かったのである。朝貢側にすれば、自国の特産品をもって朝貢すれば、見返りが大きく、利益があった。それはあえて危険をおかして中国に戦争をしかけないようにさせる方策でもあった。朝貢貿易とは、中国よりも貧しい国が敵対的にならないようにする安全保障政策でもあったのである。

日本は中国中心の中華思想と表裏一体である朝貢貿易の外観を真似ている。というのも、日本には朝鮮から通信使節、琉球からも使節がおとずれたが、それを徳川幕府は朝貢とみなしていたのである。幕末に強烈な「攘夷」運動があったが、それは「夷（野蛮）」を「攘（はら）う」という意味である。「華」の対語が「夷」である。そもそも、「攘夷」という名称は日本人が自国を「華」とみなしていた証拠である。日本を「華」、外国を「夷」とみなしたのは、中国の中華思想と同じである。江戸時代の日本人は中国から生糸などの物産のみならず、朱子学をふくめた文物を受容し、中国と対抗できる力をつけた。中国の清代は女真族（満州族）が支配した時代である。北狄に支配された中国とはことなり、日本は外国の支配をうけたことがない。それだけに江戸時代の日本人は、中国人よりも強烈な中華意識をもっていたとみられる。江戸時代の日本人は日本型中華思想を身につけていたのである。

清代の広東は中華思想を体現した朝貢貿易の拠点である。広東貿易は、日本の長崎貿易とたいへんよく似ている。清中国における海関は徳川日本の長崎奉行に、清の公東十三行（公行商人）は徳川の糸割符仲間・長崎会所等の特権商人に、ヨーロッパ人の「商館Factory」（中国語では「夷館」）は徳川日本の出島に対応するであろう。「鎖国」は、日本の独創というよりも、中国の「海禁」の模倣であるともいえる。

日本は中国と似た自給自足体制を確立するために、かつての輸入品を自国で賄う輸入代替過程を経験していた。徳川日本は中国からの輸入品をことごとく国産化して自給自足した。それゆえ「鎖国」イメージの普及は中国品の輸入代替の完成を意味したのである。それは日本が中国から輸入するものがなくなったということ、いいかえれば日本が経済的に自立したということである。中国からの経済的自立が鎖国の物質的基盤であった。自給自足は、徳川時代の初期ではなく、中期以降にしだいに進み、徳川末期に完成した。それは地大物博の中国文明の模倣の完成であり、いわばミニ中華帝国の出現であった。

第四に、東アジアには独自の国防秩序が存在していた。徳川氏が国家統一を成し遂げた一六〇三年段階では、西洋起源の「国際法」はこの世に存在していなかったことに注意しなければならない。ヨーロッパ国際法の起源は三十年戦争（一六一八―一六四八年）の最中の一六二五年に、国際法の父といわれるオランダ人グロチウスが著した『戦争と平和の法』である。グロチウスは軍事力の行使を国家主権の構成要件とする政治哲学をたて、戦争には不法な「私戦」に対し、正当な「正戦」（「公戦」）があると主張した。「正戦」を国家主権のひとつとみとめ、交戦権を正当化したのである。この書物の出現によって、国際関係を〈戦争〉という観点からみる世界観がヨーロッパに誕生した。「戦争の法」にもとづく世界観は、国家に交戦権と暴力の独占を認めた。それは一六四八年のウェストファリア条約によって現実化した。それ以後、交戦権が国家主権の要件となり、軍事力の増強と経済力の強化が手をたずさえる「富国強兵」路線が形づくられた。ヨーロッパに一七世紀中葉に生まれた国際法には、軍備強化を正当化し、防衛に限ってではあれ、戦争を肯定する覇権主義の論理がある。この国際法に東アジアが接するのは十九世紀半ばであり、「万国公法」といわれた。

一方、東アジアには、一七世紀半ばヨーロッパに主権国家が成立し、主権国家同士の国際関係を律する国際法が成立する以前から、独自の国際秩序が存在した。それは儒学的世界観にもとづく「華夷秩序」である。華夷秩序は明・清中国、さらに李氏朝鮮などからなる東アジア世界を律した国際関係であり、冊封体制と朝貢貿易とを二つの柱とする。中国に朝貢し中国皇帝から国王として冊を封ぜられた者が交易を許されるシステムである。徳川日本は中国・朝鮮が採用していた「華夷秩序」をモデルとして「大君外交体制」をつくりあげた。「日本国大君」は徳川将軍の正式な対外的呼称である。その称号の成立は一六三五年である。大君外交は、皇帝―国王という中国中心の華夷秩序には入らず、日本中心の華夷秩序の確立をねらったものといえるであろう。江戸時代には華夷秩序というきちんとした国際秩序観があり、それは東アジア諸国に共有されていたということである。

こうして、比較文明史的にみれば、つぎのようにいえるだろう。

一七世紀前半、すなわち江戸時代初期に、相異なる国際秩序が西ヨーロッパと東アジアでほぼ同時期に成立しており、機能していた。東アジアの華夷秩序が明・清中国、李氏朝鮮、徳川日本において形をととのえたのは一七世紀前半である。「華夷」をいいかえれば「文明と野蛮」である。一七世紀前半に、東アジア世界において「文明と野蛮」の二分法的世界観が成立した。一方、ヨーロッパにおいては「戦争と平和」の二分法的世界がそれよりも若干遅れて一七世紀半ばちかくに生まれた。

東アジアでは徳治主義（モラル・ポリティックス）、ヨーロッパでは覇権主義（パワー・ポリティックス）の政治が生まれた。東アジアの華夷秩序は、軍備増強と外国市場への進出とを柱とする西洋列強、なかんずくイギリスの「自由貿易主義」とはまさに正反対のシステムであった。

明治日本は急速に西洋列強のシステムに転換した。だが、その転換が果たして「進歩」の名に値したかどうかは、今日の観点からすれば、十分に疑いうるだろう。清中国はアヘン戦争をきっかけに、欧米列強に蹂躙された。それは文明的行為とはいえない。むしろ蛮行であろう。

かといって、東アジアの伝統がそのまま称揚されてよいというわけではないであろう。近世から近代にかけての日本の中国に対する過程は中国文明を凌駕する「脱亜（脱中国）」で特徴づけられる。その延長線にあらわれた戦前の日本が東洋の盟主になろうとした動きも「華」志向であったといわねばならない。脱亜した日本は中国がつくりあげた東アジアの伝統である「華（中心）」意識をかえって強めたのである。自国の文化を世界最高のものとみなす自国中心主義の限界が歴史的に証明されたかにみえる今日、二一世紀の新しい課題は、自国を中心にすえる中華意識の克服、すなわち「脱華」であるように思われる。

われわれは、国際法（万国公法）と富国強兵を特徴とする近代欧米文明の長所と短所を知り、その長所をとって短所をあらためるに十分な経験を積んだといえるであろう。その経験をいかすためには、ヨーロッパに近代文明が勃興してくる五百年ほどの歴史過程を視野にいれ、同じほどの長期のタイム・スケールで、日本を見直すべきであろう。そのようなグローバル・ヒストリー（地球史）の観点にたって江戸時代を見直そうとしたこころみが本書である。「鎖国」といわれた江戸時代には、アジアにもヨーロッパにも開かれた窓があった。象徴的には、長崎であるが、ほかにも対馬、松前、琉球などの窓が開いていた。それらの窓を通して、鎖国時代の日本を外側からも内側からも眺めてみよう。

目次

第Ⅱ部　鎖国の内窓を開く

第Ⅰ部　鎖国の外窓を開く

第一章　ヨーロッパに届けられた茶の心

角山　榮

◈「茶」は日本文化の輸出品

日本は西洋から文化を輸入するばかりで、西洋へはなにひとつ文化を輸出してこなかったとよくいわれる。はたしてそうだろうか。私はかねてからそうした考え方に疑念をいだいてきた。はやい話が、イギリス人の生活に深く定着しているお茶である。がんらい寒冷なイギリスには茶の木は育たないし、茶はなかった。にもかかわらずイギリス人はいつごろから、どうしてそんなに茶がなければ暮らせない国民になったのであろうか。これはイギリス史におけるひとつの謎である。私は長いあいだイギリス経済史を勉強してきたが、この謎を解くカギに日本の茶の文化がかかわっているのではないかと考えるようになったのは、つい十数年前からである。

そのころ、茶の歴史に関心をもっていた私は、国際会議などで会うイギリスの学者をつかまえては、

お茶をめぐる世界のトピックス［鎖国期］

1609年	オランダ東インド会社、平戸からバンタムを通じてヨーロッパへはじめて日本茶を輸出、1610年アムステルダムへ到着
1637年	オランダ東インド会社の総督からバタヴィアの商館長宛の手紙に「茶が人々のあいだで飲まれはじめているので、すべての船に積み荷には日本茶のほか、中国のティーポットを手配してほしい」と記す
1641年	オランダの医師ニコラス・ディルクス『医学論』を出版、そのなかで茶の薬用効果を記す
1657年	ロンドンのコーヒーハウス“ギャラウェイ”ではじめて茶の葉を市販。
1662年	英国王チャールズ２世の妃、ポルトガルのブラガンサのキャサリンは宮廷に東洋の飲茶の風をもたらす。
1690年	ドイツ人医師Ｅ・ケンペル来日。日本において茶にかんする情報を収集。
1700年頃	このころイギリスでは紅茶より緑茶の需要が圧倒的に多かった。そして緑茶に砂糖とミルクを入れて飲んでいた。 アムステルダムで喜劇「お茶にいかれた御婦人たち」上演。受け皿に移してお茶を飲むシーンが観客の笑いを誘う。
1760年頃	イギリス東インド会社の中国茶の輸入いっそう増加。 紅茶の需要が緑茶を上回る。
1773年頃	ボストン茶会事件、アメリカ独立革命の導火線となる。
1823年	イギリス人ロバート・ブルース兄弟、インド・アッサムの奥地で野生の茶を発見
1839年	茶の輸入増加とイギリス貿易赤字をめぐり英中貿易摩擦がついにアヘン戦争に発展
1842年	イギリスに屈した清朝、南京条約を締結。香港をイギリスに割譲、広東、上海など五港海港

出所：著者作成

「いつごろからイギリス人はティーを飲むようになったのか」「どうしてティーに砂糖を入れるのか」とか聞いてみるのだが、あまり関心がないのか、学問的な答えは返ってこない。それもそのはず、ティーの歴史については、インド茶園の研究といった特定のテーマにかんするものはないわけではないが、歴史家によるまとまった研究はない。あるのは主として好事家のもので、学者のあいだではティーはどうやら趣味の分野とされているらしい。そこで私は、好奇心も手伝って「謎学の旅」ではないが、イギリスのお茶の歴史をたどることにした。お茶の歴史を調べていくうちに興味ぶかいことがわかってきた。

だいたいお茶といえば、中国南部雲南地方が原産地で、中国では古代から飲まれていたことは知っているが、西洋へいつ渡ったかはあまり知られていない。古くシルクロードを通って渡ったのではないかと考えるのは常識である。しかし、古代から中世にかけてのヨーロッパの歴史に茶はでてこない。マルコ・ポーロの『東方見聞録』を見ても、お茶にかんする記述はない。それならいつ西洋の文献にお茶がでてくるかというと、意外に新しく、一六世紀中ごろ海のルートをへてヨーロッパ人がアジアへきてからである。

◈日本の「茶」にカルチャーショック

最初の記述は、一五五九年、イタリア人ラムージオの『航海記集成』のなかにでてくる。ここには、中国ではいたるところで茶が飲まれているとしたうえで、これを一、二杯飲めば熱病、頭痛、胃痛などに効果があるといった薬用ドリンクとして紹介されている。

また一五六〇年代に中国を訪れた最初のポルトガル人宣教師ダ・クルスは、『一六世紀華南事物誌』で高貴な人の家で訪問客をもてなすときにだす飲み物として紹介している［ダ・クルス、一九八七：二〇五］。これが中国茶にたいするヨーロッパ人の受けとめ方であった。

ところが彼らが日本へやってきたとき、日本で見た茶は彼らの強い好奇心と感動をよびおこした。一杯のお茶を飲むのに、どうして茶室という特別につくられた狭くて暗い部屋を必要とするのか。その茶室へ入るのに、どうして狭い入口から身を屈めて入らねばならないのか。茶を飲むための古い釜、ひん曲がったひびの入った茶碗に万金を投じ、これをダイヤモンドやルビーのように大切にするのか。宣教師ヴァリニャーノは「我々から見れば、鳥籠に入れて鳥に水を与える以外何の役にも立たないもの」［ヴァリニャーノ、一九七三：二三］を、なんと日本人は銀九〇〇〇両、すなわち一万四〇〇〇ドゥカード（ちなみに日本イエズス会の年間総経費は一万ドゥカードだった）で買っていると驚いていた。ともかく茶はたんなる飲み物ではなく、茶の湯という一種の儀礼・文化であり、宗教的神秘性と社会的倫理性をもっていることに、彼らはいたく感動したのである。

彼らが来日した一六世紀後半は、日本の喫茶史上茶事が全盛をきわめた時代であり、千利休が「和敬清寂」「一期一会」を本義として茶道を大成した時代である。貿易で繁栄した自治都市堺には、日本のカネ、政治情報はもとより、世界最新の経済・技術情報が集まっていたが、それらを掌握していたのが茶人であった。ヨーロッパ人が、堺に集う日本の有力武士・町人たちがその財力のすべてを入れあげている茶の湯文化を見て、強烈な文化的刺激と感動を受けたのもまた当然であった。

もし日本が、彼らがアジアへくる途中でアフリカで見たような経済の遅れた国であったなら、茶の湯文化も奇妙な風俗として看過したであろう。しかし彼らが日本で実際に見たものは、富める豊かな暮らしをする人々の姿であった。

◈ヨーロッパから、銀をもとめて日本へ

当時の日本がいかに豊かであったか。現在では国の富は国民所得で測るのがふつうであるが、当時は金銀＝富といった重金主義的考え方がひろくおこなわれていた。一六世紀のスペインが「日の没することのない国」といわれる繁栄を謳歌していたのは、スペインがコロンブスのアメリカ大陸発見につづき、メキシコの銀と、当時世界最大の銀山といわれた南米のポトシの銀を手に入れたからである。ところが最近、日本と欧米の経済史家らの研究によって、スペインが中南米から獲得した銀に匹敵する大量の銀が、当時日本から海外へ流出していることが明らかになった。この大量の銀輸出量から判断すると、当時の日本はおそらく世界一、二を競う金銀の産出国であったと思われる。

当時、西日本では石見、生野の銀山、東日本では佐渡の銀・金山はじめ、日本中いたるところで銀がでたのである。

私たちはいままであまり意識しなかったが、ヨーロッパからポルトガル、スペイン、オランダ、イギリス人らがぞくぞくとやってきた一六世紀後半の日本は、たしかに世界屈指の豊かな国だったが、彼らが来日した目的は、なんといっても東南アジアの香料を購入するための銀を日本から手に入れるためであった。そのために日本が欲していた生糸・絹織物・砂糖などを中国商人から買い付け、それを高い値で日本の商人に売って銀を稼いでいたのである。日本との貿易は利潤の多い貿易であったから、ヨーロッパ人相互の競争はしだいに激しさを増した。最初はいちはやくマカオに基地を築いたポルトガルが優勢であったが、あとから参入したオランダがイギリス、スペイン、ポルトガルの競争を退け、さらにはもっとも強力な競争相手の日本商人の排除（幕府による日本人の海外渡航禁止——一六三三年の第一次鎖国令から三九年まで五次にわたる鎖国令）に成功し、日本との貿易独占を勝ちとった。それが一六三九年と四一年の「鎖国」である。

一六世紀はスペインが中南米の銀を獲得したことによって世界の覇権国になったとすれば、一七世紀のオランダの繁栄の基礎は、ヨーロッパではバルト海貿易、アジアでは日本の銀にあったといってよい［角山、一九八〇］。

◈ヨーロッパにまきおこる茶の湯文化

さて、話を一六世紀後半にヨーロッパ人が日本で接した茶の湯にもどすと、私は彼らが茶を発見したのは、まさに日本の茶の湯文化においてではなかったかと思う。たしかに、彼らは中国においても茶を見たことは間違いない。しかし、見ただけでなく、実際に茶を飲んでみようという好奇心を行動へかりたてた契機がなにかあったはずである。それはなにかというと、日本の茶の湯文化があたえた感動であった。こうしてヨーロッパへの最初の茶が、一六一〇年、平戸からオランダ船に積まれて、バンタムをへてアムステルダムに渡るのである。その日本茶が抹茶であったのか、緑葉茶であったのか、おそらく両方であっただろう。日本茶につづいて中国茶がもたらされ、やがて中国茶が主流になっていく。

それでは東洋の茶がどういうイメージで入ってきたかというと、東洋の霊験あらたかな薬という一面と、同時に茶の入れ方、飲み方、マナー、それに陶磁器茶碗など、茶の道具とセットになった「文化」として受容されたことは注目してよい。この点が、ほとんど同時にヨーロッパへ入ってきたココアやコーヒーと違う点である。

茶が「文化」として受容された事例として、一七〇〇年ごろアムステルダムで上演された「お茶にいかれた御婦人たち」というコメディーがある。この喜劇は、オランダ上流階級の貴婦人たちのティー・パーティーを風刺したものであるが、日本風の飲み方、マナーをまねてお茶を飲む婦人たち、とくにお茶を茶碗から受け皿に移し、受け皿から大きな音を立てていっせいに啜り飲むという、そのクライマックスの動作・しぐさが、観客の笑いを誘うというシナリオになっていた。

私たちにとって興味ぶかいのは、当時のオランダの貴婦人たちが大まじめに日本の茶の湯の儀礼・マナーを意識して、お茶を嗜もうと努めていたことである。ほぼ同じころ、スコットランドにおいても、茶を受け皿に移して飲むことが正しいエチケットになっていた［角山、一九八七］。エチケットにこだわるのは、やはりお茶がアジアの「文化」として受容されていたからである。

◈茶と砂糖をもとめたイギリス近代史

ところでイギリスでの飲茶の風習は、一六六二年、国王チャールズ二世のもとへポルトガルから嫁いできたキャサリン王妃が、宮廷に茶をもたらしたことから始まる。そのとき以来開発されたのが、お茶にミルクと砂糖を入れる飲み方である。茶は輸入ものの中国茶で高価であったが、砂糖もまたブラジルや西インド諸島での生産量が少なく高価なものであった。その高価な砂糖をお茶に入れて飲むことは、考えてみれば最高のぜいたくであった。しかも、そのぜいたくが貴族から一般の労働者・農民へひろがり、茶がイギリスの国民的飲料として定着するのが一八世紀である。

したがって飲茶がひろがった一八世紀イギリスの貿易において、中国茶と砂糖の輸入が年々増大していったことはたしかで、それが世界史を大きく揺さぶることになる。すなわち、茶の輸入増大は中国とのあいだに深刻な貿易摩擦をひきおこすいっぽう、砂糖の輸入増大は西インド諸島での砂糖プランテーションの拡大、その労働力＝奴隷確保のためのアフリカでの奴隷調達、非人道的な奴隷貿易、奴隷貿易をめぐる英仏間の激しい戦争（スペイン王位継承戦争、一七〇一～一三年）へと発展していく。なお、アメリカ独立革命の直接の発端になったボストン茶会事件もまた、お茶が深くかかわっていたことなど、とにかくイギリスの茶は近代世界史を大きく塗りかえたのである。

◈精神文化となった「鎖国」日本の茶

それにたいし「鎖国」日本の茶はどうなったのか。日本はその豊富な銀で生糸・絹織物とならんで大量の砂糖を買い付けたことはさきに述べたが、その砂糖を日本はなにに使ったのか。薬として使用されたことを別にすれば、やはり最大の用途は茶の湯の菓子であった。利休の時代は、お茶うけといえば、ふのやき、くり、しいたけ、いりかやなどが主なもので、砂糖入りの菓子はまだなかった。しかし一七世紀に入ると、金平糖、カステラといった南蛮菓子をふくめ、アンの入ったヨモギ餅など、砂糖入りの菓子が登場した。日本では砂糖を直接お茶のなかに入れないで、お茶から分離して風流な砂糖の芸術作品にしたことが、イギリスの茶の文化と根本的に違う点である。江戸時代の城下町の発展は、藩主の多くが茶の湯を嗜み、茶の文化を奨励したため、全国各地にいまなおのこるローカル色豊かな銘菓が多数生まれた。

しかし貴重な銀をもってあがなってきた高価な砂糖輸入も、国内の銀産出の減少、銀輸出禁止処置によってようやく限界に直面したのが一七世紀末。ここにおいて幕府の打ちだした政策が甘蔗栽培の奨励による国内自給策である。それにこたえ、地主・農民たちは独自の技術開発によって甘蔗栽培・精糖に成功し、一八世紀末にはほぼ自給を達成するいっぽう、三盆白(1)のような世界に誇る良質の白砂糖を生産するにいたった。ときあたかもヨーロッパでは、砂糖の勝敗をめぐり、英仏が血みどろの決戦を展開していた時代である。

こうして近世における茶の文化の展開は、世界史を大きく東西ふたつの文化に分けることになった。ひとつは、紅茶帝国主義というか、茶や砂糖をもとめて世界の征服に外へ外へと向かっていったイギリスの物質文化としての茶であり、もうひとつは、「鎖国」を通じ、茶の美と心を徹底的に内へ向かって探求した日本の精神文化としての茶である。前者は秀吉がめざした茶であり、後者は利休の茶の世界である。利休は秀吉と対決し自刃して果てたが、利休の心は「鎖国」のなかで育まれた砂糖文化や、芭蕉の俳諧における風雅に受けつがれていくのである(2)。

注　記

(1)　三盆白は「和三盆」ともよばれ、白砂糖をさらに精製脱色して純白の結晶形にしたもの。薩摩の人岡田良助と向山周慶が作ったといわれ、四国讃岐の三盆白は和菓子の原料として有名。戦前はお歳暮の贈り物としてよく用いられた。

（2）芭蕉は「笈の小文」のなかで、自己の風雅の系譜をつぎのように述べている。「西行の和歌における、宗祇の連歌における、雪舟の絵における、利休が茶における、其貫道する物は一なり」と。それらの道の根本を貫くものはひとつ、それは風雅であると述べている。

第二章　陶磁器をめぐる東西文化の霊感──インスピレーション

西田　宏子

◈衝撃の輸出磁器登場

大正時代初頭に欧州を訪れた愛陶家大河内正敏博士は、そこで柿右衛門の色絵磁器と出合った。それらとともに、ヨーロッパ諸窯で作られた柿右衛門写しを見て、江戸時代に輸出されていた日本磁器の存在を確認したのであった。そしてこれが近代的な色絵磁器研究や収集を、わが国において活気づける始まりとなったのである。

当時は、ヨーロッパにあった柿右衛門や柿右衛門写しの作品にたいして、日本製品がいかに素晴らしいものであったかを中心に語られているのはおもしろい。それと同時に、ヨーロッパで知られている柿右衛門の作品を確認したようなところさえある。オランダ東インド会社の存在も、もちろん知られており、日本から貿易品として大量の磁器が運ばれていたことも、ある程度は認識されていたようである。

しかし、ここで「衝撃の」というのは、昭和三十年代の初頭に日本からの輸出磁器が大きくとりあげられるようになったときのことである。昭和三十一年にロンドンでおこなわれた展覧会の図録に収録された磁器が、それまで知られていなかった種類の伊万里磁器であったことが、陶磁器の研究者や収集家に衝撃をあたえたのであった。その後の日本からの対応は早かった。「鎖国時代」の花形商品としての伊万里焼の探索が始まったのである。

「鎖国」とは、なにか秘密めいた状況をあらわしているようで、魅力ある時代を意味していると思っていた。江戸時代の一面であるといわれてきたのが、近ごろではその意味が大幅に改められようとしている。日本の陶磁器は、「鎖国時代」でも世界を市場にしていたことで、はやくから江戸時代の異なった一面を扱ってきたようである。それはやがて漆器の世界へも波及していった。すなわち、南蛮漆器とともに輸出漆器の探索も始まったのである。注文によって製品を作り輸出した陶磁器、原料を輸入して国内市場の需要をまかない、さらに請われて輸出した漆器という新しい図式が明らかになってきた。一七世紀は、そのもっともさかんな交通のあった時期であった。そして二〇世紀も後半の一九八〇年代は、江戸時代の輸出品を「里帰り」と称して買いもどすという、新しいかたちの交通の時期となったのである。「鎖国時代」の余波ともいえる現象であった。

◈ヨーロッパの宮殿を飾った日本磁器

「宮殿を飾った日本磁器」、これは一九九〇年に英国で催された展覧会の題名である［*Procelain for Palaces*, 1990］。一七世紀中ごろから約八十年間におよんだ日本からの陶磁器の輸出が、ヨーロッパでシノワズリーといわれた東洋趣味の流行にとりこまれた様子をしめしたもので、ヨーロッパ各地の宮殿や美術館から作品が集められていた。これは、日本人が永いこと望んできた日本磁器の海外での伝世の系譜をみせてくれた展示でもあった。しかしながら、ある意味では遅きに失した企画でもあった。日本への「里帰り」がすでに本来の伝世の姿を破壊してしまっていたからである。

日本の磁器がオランダ東インド会社によって、はじめて積みだされたのは一六五〇年ごろのことと考えられる。記録としては、一六五一年が初出であるが、そのときすでにヨーロッパの道具の形をしていたように記されているので、これをはじめての輸出とはいえないようである。「バダヴィアの医務局のための薬瓶」がそれで、ほかに「塗薬用盒子」もみられる［Volker, 1954］(1)。

わずかな数を整えて運びだされてから約十年後に、突然の大量注文を受けることになったのであるが、これは事情はともかくとして生産地有田にとっては嬉しいできごとであったに違いない。そのころ有田では、藩の命令によって組織が改められ、税金の取り立ても厳しくなるなど、生産の増大が唯一の救済策であったと考えられる。海外からの注文にこたえて、有田では輸出用の生産体制を整え一六六〇年から約八〇年間にヨーロッパの人々の生活のなかへ深く入りこむことに成功したのである。[2]しかも王侯貴族たちの宮殿を飾るという、新しい様式が考案されて、日本の磁器はまさにヨーロッパにみずからの所を得たわけであった。

さらに一八世紀になってからは、ヨーロッパ各地の窯で日本の磁器を模倣することで新しい窯業が始まった。現在のドイツにあるマイセン窯でヨーロッパ初の白磁が完成したのも、日本の柿右衛門の色絵磁器に影響されたためといわれている。さらにそれを写すかたちで、英国、フランス、オーストリアなどで窯業がさかんになっていったが、柿右衛門の様式はつねにその第一号の作品であった。なぜ日本の色絵磁器がヨーロッパで愛好されたのか明らかではないが、永いこと使われてきた染付磁器の青と白の色調にかわって明るく華やかな色彩が好まれる時代になったともいえる。私たち日本人にとっては、なんの不思議もない余白の多い図柄も、円形でない変形の器の形もヨーロッパの人々にとっては、新鮮な魅力に満ちていたに違いない。

いまヨーロッパの宮殿にのこる日本の磁器のいくつかはその宮殿に伝世したことで知られ、私たちが当時の上流階級の人々が好んだ作品を知る手がかりとなっている。ベルリンのシャルロッテンブルク宮殿、ドレスデンのズインガー宮殿、ロンドンのハンプトンコート宮殿やバッキンガム宮殿などをはじめとして、柿右衛門や伊万里として知られる日本磁器はヨーロッパ各地の宮殿を飾ってきた。なかでも、ハンプトンコート宮殿の柿右衛門の色絵磁器は、華やかで私たち日本人の目にも異国情緒を

左・色絵花鳥文六角共蓋壷　ドイツ　18世紀　マイセン　H.31.2　**右・色絵花卉文六角共蓋壷**　日本　江戸時代　柿右衛門　H.31.0（出光美術館蔵）

感じさせる作品で知られる。

色絵花鳥文蓋付壷は、そのひとつである（上記写真）。六角に面取りした各面には、どこか西洋的な花と尾の長い鳥が描かれている。一対のように見えるこの壷は、じつはドイツのマイセン窯で焼かれたもの（左）と日本の柿右衛門（右）である。そして、マイセン窯の作品がハンプトンコート宮殿にある壷を忠実に写したもので、日本製の壷はややその亜流ともいえる柿右衛門風に有田で作られた壷である。柿右衛門の色絵壷はおそらくヨーロッパで大変な人気であったと思われる。それを日本でも多くの陶工が写し、やがて一八世紀になり、白磁がヨーロッパで完成すると、ここに見るような素晴らしい作品が生まれたのである。

これを、私たちにも異国情緒を感じさせるときにいったのは、その形と文様による。六角形というのは、亀甲形であり別に不思議な形ではないが、このような胴をやや膨らませた六角壺は東洋陶磁の系譜のなかにはみられない。もちろんヨーロッパにあった形でもない。東洋と西洋が一六世紀後半に出合って、陶磁器を中心とした交流が生まれたときに考案された形ではないかと思われる。よく見ると大変むずかしい形を造っていることがわかる。それを日本でも、マイセンでも美しく端正に成型することに成功した。花と鳥の文様については、本歌を忠実に写したマイセン窯の壺でみていくと、芥子のような花は、左右にバランスをとって中心に配置されているのに気がつく。これは、柿右衛門が得意とした非対称的な文様配置とは異なるもので、ヨーロッパの注文で始まった中国の輸出青花磁器のカラック磁器といわれる様式にすでにみられる。尾長鳥のいる図も同様であり、肩に描かれている翼を大きく広げた鳩のような鳥も、そのバランスが私たちの目にはどこか西洋的にみえる。このような六角壺は、このほかにも松竹梅に鶴、鳩、人物文、松竹梅に唐草文などいくつか異なった文様のものがみられ、なかでも松竹梅に鶴、鳩、人物文の図柄は、壺を並べたときに左右の文様が対称的にみえるように施されている。たとえば鏡の前に壺を置いてながめたような効果がそこに展開したのである。これは、明らかにヨーロッパからの注文によって有田で造られた磁器であった。そして、柿右衛門といわれる色絵磁器は、ヨーロッパに輸出することでその様式を大きく開花したといえる。

このような色絵磁器が流行したのは、その華やかな色彩の世界の魅力であったと思われる。マイセン窯で写される前に、白い陶器や中国製の白磁にヨーロッパで色絵付した柿右衛門風の作品も多かったのが、それを証している。ヨーロッパ人が創りだした色絵磁器の様式を、そこでさらに写すことでヨーロッパの窯業の発展にも大きな役割を果たしたのであった。

ヨーロッパで好まれた文様に「司馬温公甕割図」といわれるものがある（写真）。これは八角形の皿で縁には花唐草文が額縁のように施され、その中に水を入れた大きな甕に落ちた子供を助けた司馬温公の故事が、柿右衛門独特の柔らかな色絵で描かれている。この意匠は一八世紀のヨーロッパでたいへん流行し、オランダではファイアンス陶だけでなく東洋の白磁に上絵付され、マイセン窯で一七三〇年ごろに作られたのち、英国ではチェルシー窯でも写された。英国ではこの文様は“Hob-in-the-well”パターンとよんでいた。司馬温公は中国宋時代の人物で、政治家であり歴史家であった。子供のころからその聡明さで知られ、友人が大きな水甕に落ちて溺れそうになったとき、近くにあった小石を投げて甕を割り、水をこぼして救いだしたという。この故事は一七世紀末、すなわち元禄時代ごろの日本で人気がある物語であったので、柿右衛門がその話を視覚化したといわれるが、柿右衛門の文様には人物や物語性のあるものが少ないので、これもなにか手本によったものかと思われる。さらにこれが国内市場に向けたものではなかったことは、国内での故事の流行をも疑問としてしまう。

色絵司馬温公甕《かめ》割図八角皿　日本　江戸時代　柿右衛門　D.23.3（出光美術館蔵）

一七五六年のチェルシー窯の記録に“old lady pattern”とあるものは、十二単衣の婦人が縁先にたたずむ図で、やはり柿右衛門の色絵磁器としてはヨーロッパに多くみられ、ヨーロッパ諸窯、ことに英国ボウやチェルシー窯で写された。これも国内ではほとんど知られなかったもので、おそらくヨーロッパ向けの特別な意匠であったと考えられるものである。

◈茶席のオランダ陶器

ヨーロッパの宮殿を飾るために有田で焼かれ海を越えた焼物が、二〇世紀後半まで異国の宮殿に伝わってきたのと同じように、日本で茶の湯の道具として使われるために、ヨーロッパで焼かれ海を渡ってきた陶器がある。これは柿右衛門とはまったく逆で、ヨーロッパではその存在すら知られていなかった種類の陶器である。一九八七年に根津美術館でおこなった『阿蘭陀』展では、江戸時代に日本から注文されオランダのデルフト窯などで焼かれて、日本へ届けられた水指、茶碗、向付など茶の湯の道具としてのヨーロッパ陶を「オランダ陶器」として展示した［『阿蘭陀』一九八七］(3)。

水指は茛葉文水指（次頁写真）として知られるもので、ヨーロッパの薬壷のアルバレロ形をしているため、薬壷を転用したといわれてきた。しかし、当時のヨーロッパで使われていた薬壷は日本で水指として用いられてきたものとはだいぶ異なり、胴が細く鋭くくびれているのが特徴であった。水指

色絵茛葉文水指（藤田美術館蔵）

のなかにはいわゆる中置きの水指として使われる細長いものにいくぶん似た形もあるが、やはり注文によって寸法が整えられたようである。向付と言われる小鉢にも四方や透かし文様のあるものなど、明らかに注文品であったことをしめすものが多い。

日本の陶器の質感とはまったく異なる柔らかな白さは、当時の茶人を魅了したに違いない。いつ、どのようにして注文され、どこで焼かれたのかまだ判然としないところは多いが、今後へのこる日本とヨーロッパとの共通課題である。

◈和蘭からのメッセージ

かつて柿右衛門をはじめ江戸時代に輸出された伊万里を日本人が驚いて見たように、この『阿蘭陀』展の図録は現代のヨーロッパの人々を驚かせるのに十分であった。日本へオランダ陶器を紹介する試みも生まれ、焼物による東西交流の新しいかたちができたことを確認できたといえる。

一九九一年、東京でオランダ女王陛下の訪日を記念して「模倣と霊感―オランダ美術に与えた日本の影響」と題した展覧会が催された。これはオランダにおいて永いこと温められてきた企画で、訪日記念にオランダでの開催にさきがけておこなわれたものであった。一七世紀から現代までの日蘭交流の軌跡をオランダ人の視点でとらえた展示は、私たちには新鮮なものであった。

これまで江戸時代の磁器や浮世絵などだけが一八世紀以降のオランダでジャポニズムといわれる流行の様式を生みだす「霊感」の原点と考えられてきたが、じつはもっと幅の広い「影響」があり、それが模倣を超えて新しい創造への「霊感」となっていたことを学んだしだいである。そしてこれを二一世紀に向けての和蘭からのメッセージと受けとめ、新しい交流を文化のうえでつくりだしていくことが大いに期待されるのである。

注記

（1）　Volker [1954]. これは、日本の磁器が海外へ輸出されたことを数量的に提示した最初の研究である。この一六五一年の記録は、オランダ東インド会社の目録のなかに、著者がみつけたもので、Volkerの著書にはふくまれていない。

（2）　同右注を参照。

（3）　『オランダ陶器』［一九九五］。このなかに、一九八七年以降に明らかになった日本各地から出土したオランダ陶器片についてしめした。

第三章　オランダ人の受けた御恩と御奉公

永積　洋子

ハーグのオランダ中央文書館に、梨子地に徳川家の葵の家紋のついた漆塗りの立派な箱がのこされている。このなかに納められているのは、一六〇九（慶長十四）年と一六一七（元和三）年に将軍徳川家康と秀忠からオランダ人にあたえられた来航許可朱印状である。この文書には、「オランダ船が日本に到着した時、どこの港でも自由に取引を許す」と、漠然と記されているだけであるが、これこそオランダ人が将軍から受けた最大の御恩であり、この後オランダ人が「将軍の家臣として」長く御奉公するよりどころとなったものである。長崎に来航した中国の商人たちが、江戸まで参府することさえ許されなかったのに、同じように商人とみなされたオランダ商館長が、将軍に拝謁を許されたのも、この朱印状のおかげである。

◈将軍の家臣オランダ人

オランダ人が将軍の家臣としての従順な態度をとるようになったのは、台湾における生糸の取引で、日本の朱印船貿易家末次平蔵とオランダ東インド会社の利害が対立し、平戸のオランダ貿易が五年間断絶したあとのことである。

事件は、オランダ人が台湾で日本の朱印船に課した生糸の輸出税について説明するために、オランダ東インド総督が、大使ピーテル・ノイツを派遣したことに始まる。ノイツはライデン大学を卒業し、当時アジアに渡航したオランダ人のなかで例外的に教養のある人だったが、バタヴィアにわずか二週間滞在しただけで日本に送りだされたため、アジアの慣習についてまったく理解がなかった。

大使ノイツが江戸に到着すると、将軍の拝謁を許可する前に、まず年寄（老中）が大使の来日の目的についてたずねた。ここで問題とされたのは、東インド総督の身分・資格であった。中国を中心とする東アジアの朝貢貿易体制下では、同等の身分のあいだでしか書簡が交換されず、大使とはそれまでに得ている恩恵に感謝し、あるいは戦争についての援助をもとめるもので、商人の取引について請願するなどは、大使にあたえられる任務ではなかった。そこでノイツが持参した書簡を書いた総督が、オランダ国王の一族ではなく、来日の目的も台湾での取引の事情について説明するためであるとわかると、それでは総督は長崎奉行と同じ身分ではないかと日本側は主張し、ノイツは将軍に拝謁できなかった。

日本人に軽蔑と憤怒をいだいて台湾の長官に着任したノイツは、台湾に入港した末次船の船頭と武力衝突をひきおこした。これらの紛争の原因は、アジアについて経験のないノイツにあると断じて、総督はノイツのいっさいの資格を剥奪して、幕府の処分にまかせるため平戸に送ったことにより解決した。このときの総督ヤックス・スペックスは、初代の平戸商館長で、日本に十年あまり滞在していたので、日本の慣習、日本人の性格について熟知していたのである。

幕府は総督のこの措置を、将軍の家臣としての忠誠をしめしたものと認め、オランダ人もこれを否定しないばかりか、「将軍の家臣として御奉公する」とは、その後ことあるごとにオランダ人がくりかえす言葉となったのである。オランダ東インド会社はまた、日本の商館長には、日本に滞在したことのある温厚で円熟した人物を選び、若い野心家を派遣することのないよう注意した。

◈御朱印の威力

オランダ人が朱印状の威力をはじめて知ったのは、糸割符《いとわっぷ》商人がオランダ船がもたらす生糸をその仲間に売り渡してほしいという要求を、長崎奉行をはじめ、老中たちにくりかえしたときである。このような要求がだされていることを知った商館長は、オランダ人には取引の自由を保証する朱印状が将軍からあたえられていると申し立てた。平戸の大名松浦隆信もこのオランダ人の言い分を支持し、幕府への願い事の取次をたのんでいた牧野信成を通じて有力な老中、酒井忠勝にこの朱印状のことを伝えていた。そこで、糸割符商人が酒井忠勝に請願にいくと、その要求はきっぱりと退けられたのである。

一六四〇（寛永十七）年、長崎の町人たちは、ポルトガル人の追放で空き家になった出島に、オランダ商館を移転し、オランダ人のもたらす生糸を自分たちに配分してほしいと願っていた。これを知った牧野信成は、松浦隆信のあとを継いだ鎮信《しずのぶ》を通じて、オランダ商館長が参府するときは、家康の朱印状を持ってくるようにと忠告し、またその助言を誰にも洩らしてはならないと知らせてきた。牧野信成はこの朱印状の写しを老中たちにみせて、商館の長崎移転を阻止することができた。もちろんこの成功は一年かぎりのものだったが、オランダ人に朱印状の威力を知らせるのに十分だった。

一七二二（享保七）年、長崎奉行日下部《くさかべ》丹波守博貞は、オランダ商館長が奉行所を訪問するとき、将軍の朱印状を持ってくるようもとめた。朱印状は商館長とは別の乗り物(1)で運ばれたので、好奇心から集まってきた群衆をかきわけて進まなければならず、出島から奉行所まで三十分もかかった。奉行所では、奉行たちは一同正式の式服で出迎えた。広間で朱印状が奉行の秘書に渡されると、机の上におかれた。奉行は拝礼しながら箱を開き、朱印状をとりだし、額を朱印状につけながら、うやうやしくこれを広げていった。将軍の朱印があらわれると、奉行はふたたびお辞儀をした。とりだされた

来航許可朱印状（オランダ・ハーグ中央文書館蔵）

朱印状は和紙を敷いた机の上に広げられ、秘書がこれを筆写した。奉行は町年寄高木作右衛門、医師向井元成など、同席した人々に近くにきてこれを見るように勧めた。これが終わると、奉行は朱印状を拝見して大いに満足したと語った。控えの間にさがったとき、同行した通詞名村八左衛門は、いままで将軍の朱印状を見る名誉を得た日本人はいないので、今日はめでたい日であるといった。

一八世紀末、フランス革命とそれにつづくナポレオン戦争の時期に、イギリスはアジア各地のオランダ植民地を占領したので、出島はアジアでオランダの旗がひるがえる唯一の商館となった。一八〇八（文化五）年、イギリス船フェートン号が長崎港に侵入し、長崎奉行松平康英はその責任をとって自殺したが、その翌年、長崎奉行とオランダ商館長は、今後ふたたびイギリス船が来航する場合に備えて、とるべき措置を決めている。そのひとつに、この朱印状を長崎郊外の桜馬場に持ちだすことを奉行が提案し、商館長はなるべく多くのオランダ人をそのまわりに配置することにした。家康・秀忠の朱印状は、もちろん商館のもっとも重要な文書だった。

◈オランダ人の御奉公

幕末に日本近海に外国船の出没が盛んになり、海防についての論議が高まったとき、幕府が大学頭《だいがくのかみ》林煒《あきら》に命じて、外国船の来航の場合にそなえて、それまでの先例を集大成させた。『通航一覧』とよばれるこの文書集は、一五六六（永禄九）年に三河国片浜浦に安南船が漂着した記事に始まり、一八二五（文政八）年の異国船打払令がその最後の記事となっており、完成したのは一八五三（嘉永四）年である。国別に編纂された文書のなかで「阿蘭陀国部」は十二巻に分けられているが、そのなかで「御奉公筋」の三巻を開いてみたい。国別に分類されている部門で、「御奉公筋」が特別の巻となっているのは、オランダだけであることはいうまでもない。

最初の御奉公は、一六一四（慶長十九）年大坂冬の陣に、家康によばれて城内に大砲を打ったことで、慶長年録など当時の記録が引用されている。つぎは島原の乱のとき、海上から大砲を打ったが、城が高いため効果はなかったことがあげられている。島原の乱にオランダ人が原城を砲撃したことは

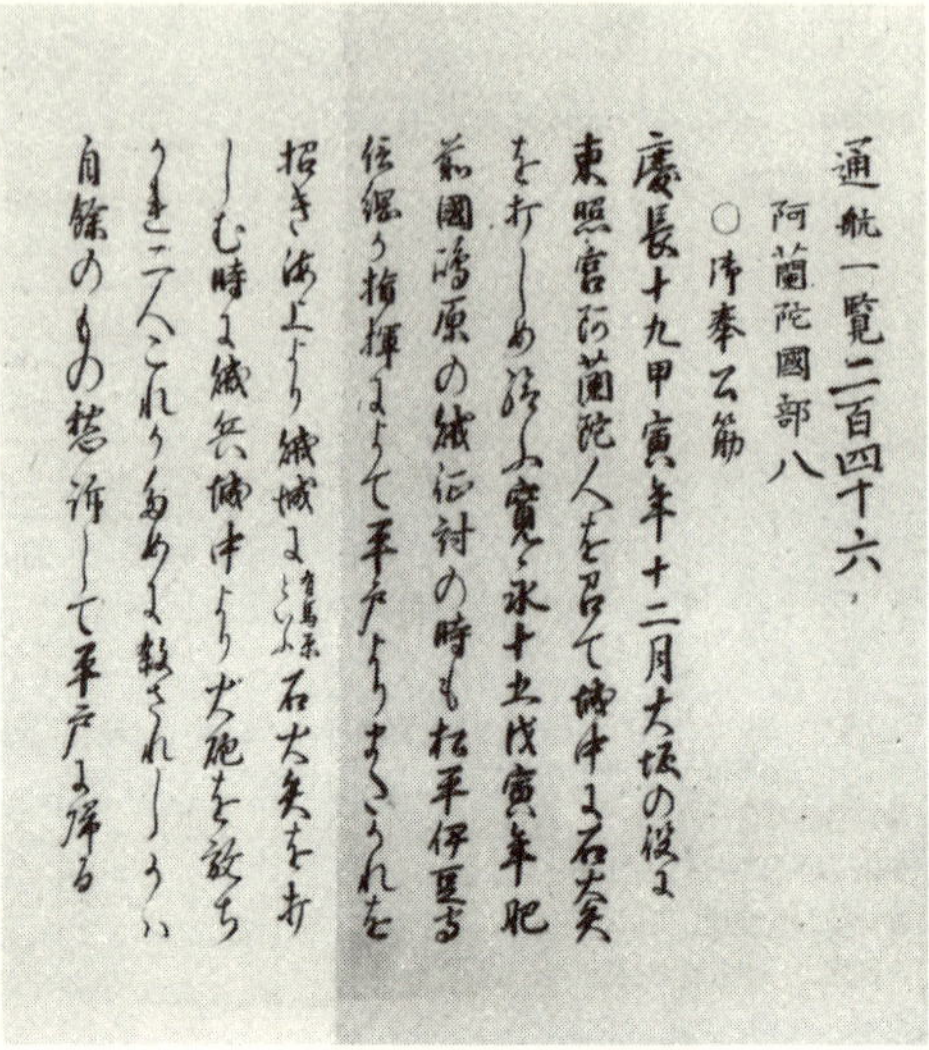
通航一覧二百四十六
阿蘭陀國部八
○御奉公筋
慶長十九甲寅年十二月大坂の役に
東照宮阿蘭陀人を召て城中に石火矢
を打しめ給ふ、寛永十五戊寅年肥
前國嶋原の賊征討の時も松平伊豆守
信綱か指揮によりて平戸よりまさうれを
招き海上より賊城によふ石火矢を打
しむ時に賊兵城中より大炮を放ち
かこ二人これかために殺されしかは
自餘のもの愁訴して平戸に帰る

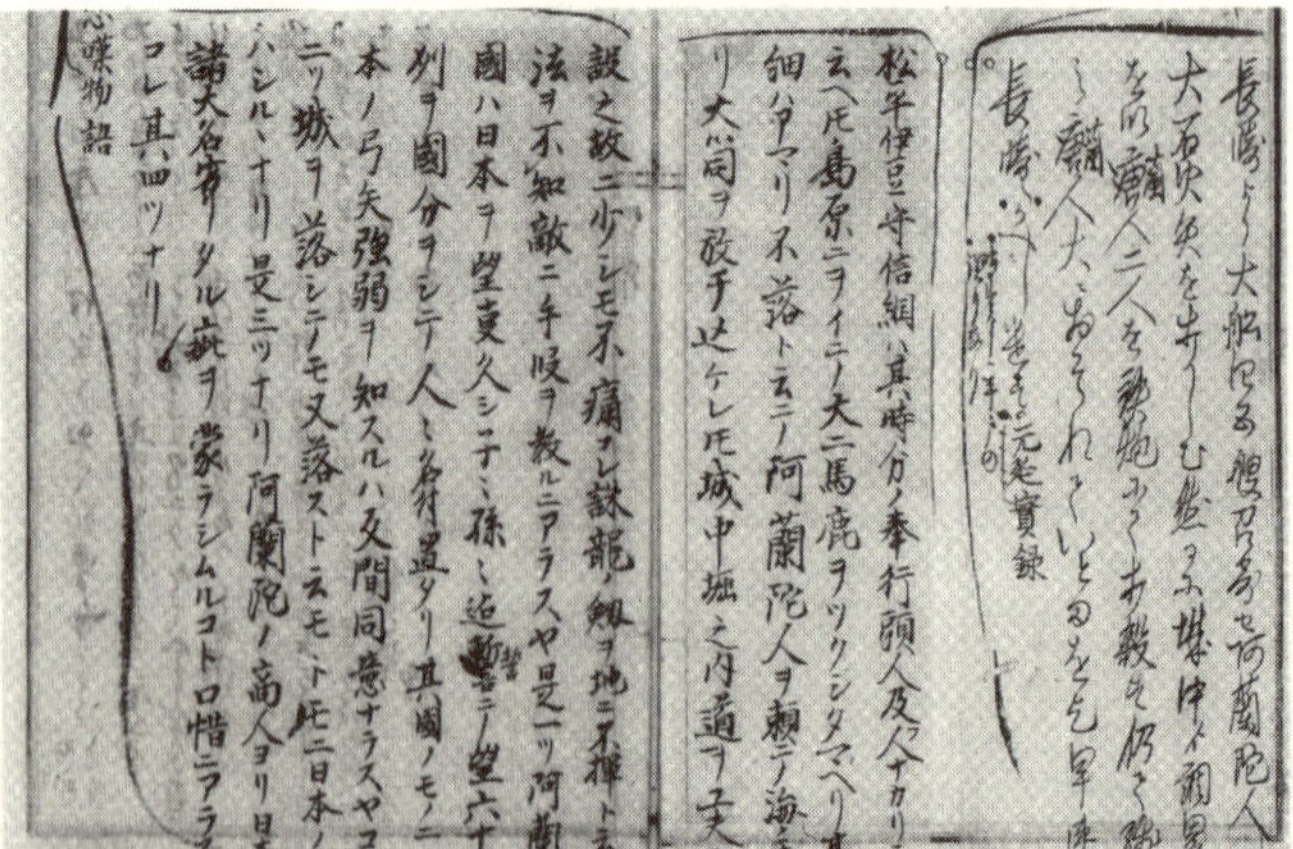
松平伊豆守信綱ハ其時分ノ奉行頭人及人ナカリシト
云ヘ共嶋原ニヲイテノ大ニ馬鹿ヲツクシタマヘリ其子
細ハアマリ不落トテ阿蘭陀人ヲ頼テ海手ヨ
リ大筒ヲ放チ辻ケレ共城中堀之内通ヲ丈テ

説之故ニ少シモ不痛ナレ鉄龍ノ鍼ヲ地ニ不捧ト云兵
法ヲ不知敵ニ手段ヲ教ルニアラスヤ是一ツ阿蘭陀
國ハ日本ヲ望事久シクテ孫々迄誓テ望六十餘
州ヲ國分ヲシテ人々名附置タリ其國ノモノニ日
本ノ弓矢強弱ヲ知スルハ又間同意ナラスヤコレ
ニツ城ヲ落シテモ又落ストモ云モ下臣ニ日本ノ恥
ハシルハナリ是三ツナリ阿蘭陀ノ商人ヨリ日本ノ
諸大名寄リタル城ヲ崩ラシムルコト口惜ニアラスヤ
コレ其四ツナリ

『通航一覧』阿蘭陀国部八「御奉公筋」原文（内閣文庫蔵）

ヨーロッパでもひろく知られており、オランダ人はキリスト教徒であるのに、日本人のキリシタンを撃ったとして非難されている。

それにつづくのは一六一七（元和三）年に、マニラに居住していた平山常陳が日本に送った船を、宣教師を日本に運んでいるとしてイギリス・オランダ連合の船団が捕らえ、平戸に連行した事件である。この行為について、ポルトガル・スペイン人はオランダ人は海賊であるというかねてからの主張を裏づけるものであるとして、長崎奉行を通じて幕府に訴えた。いっぽう平戸では、この船に乗っていた二人の宣教師と顔見知りの日本人を証人としてよび集め、ついにこの二人に宣教師であると自白させるのに成功した。この結果この船の船長、船員、宣教師は長崎で処刑され、それにつづいて元和の大殉教と呼ばれるキリシタンの大量の処刑が執行された。以上の三つの例は、いずれも武力による「御奉公」である。しかし、長い平和の時代は、このような「御奉公」を必要としなくなっていた。

それにつづく『通航一覧』の記事は、時代がいっきにくだって、一八〇八（文化五）年、長崎でオランダ商館長ヘンドリック・ドゥーフと長崎新橋町の町人土井徳兵衛の娘ようのあいだに生まれた、道富丈吉の由緒書である。ドゥーフは一七九九（寛政十一）年はじめて来日し、一八〇三〜一七（享和三〜文化十四）年まで長崎の商館長をつとめた。ドゥーフは自分がいずれ日本を立ち去ったのちに、その息子が長崎で安泰に暮らしていけるよう心をくばり、一八一五年一月（文化十一年十二月）に長崎奉行に嘆願書を提出し、この年の取引で得た白砂糖三〇〇俵を長崎会所に贈り、その代金一六〇〇両の利子四〇〇両すなわち銀四貫目を毎年息子丈吉に支給されること、また丈吉を目利《めきき》(2)のような通詞とは関係のない役目にとりたててほしいと願っていた。『通航一覧』に載せる「道富丈吉由緒書」は、この嘆願書に添えて長崎奉行に提出されたものと思われる。ここには父ヘンドリック・ドゥーフがそれまで十三年間商館長をつとめた間に、江戸で三回将軍に拝礼したほかに、つぎの御用をつとめたと列挙してある。

第一は、一八〇四（文化元）年にロシアの使節レザノフが長崎に来航したとき、通訳をつとめたこと、第二は一八〇七（文化四）年にロシア船が松前にきて、フランス語で書いた文書をのこしていったが、その文書が江戸から送られてきたので、オランダ語に訳したところ、御褒美として銀三十枚を賜わったことである。ただしドゥーフ自身が記している「秘密日記」(3)によれば、銀を賜ったのは、フランス語の文書の翻訳のためではなく、ロシアの艦隊について、一七三九年か一七四〇年の商館日記になにか書いてないか調べてほしいとたのまれたので、ベニョフスキー(4)について回答したことの謝礼となっている。第三の御勤めは、ドゥーフの努力により、会所が注文した商品がもたらされたので、御褒美銀六貫目を賜ったことである。第四は一八〇八（文化五）年にイギリス船フェートン号が長崎に入港したとき、さまざまな御用向をつ

ヘンドリック・ドゥーフ肖像画
（神戸市立博物館蔵）

とめたことである。由緒書には詳しくその内容が記されていないが、「秘密日記」によれば、商館長ドゥーフはオランダの旗を掲げて入港したフェートン号に、不審をいだきながら日本人とともにオランダ人二人を送ったが、この二人は人質にとられ、商館も奉行所も大混乱となった。この船が大事をひきおこさず出帆したのは、英語、フランス語によるドゥーフの大活躍に負うところが大きかった。

これらの御勤めを列挙した由緒書を添えた願いは、聞きとどけられた。翌一八一五（文化十二）年、筆頭老中牧野備前守から長崎奉行に奉書が届き、道富丈吉は将軍の奉公人として認められ、そのことは町中に知らされた。これは先例もないことで、願いが聞き入れられるのは容易なことではなかったが、父ヘンドリック・ドゥーフがそのときどきに、骨を折って御用をつとめたので、ほかの商館長とはわけが違うととくに認められたのである。ここにはさらに、砂糖の利子銀四貫目のほかに、息子が成人したのちは相応の役職に任命し、役料が支払われると、明記されていた。ドゥーフは、丈吉が通詞とは関係のない、将軍の奉公人に任命されることを、とくに喜んだ。

一八一七（文化十四）年、ドゥーフと交代する商館長が来日し、ドゥーフの帰国が迫ったとき、長崎奉行はドゥーフをよんで、つぎのような書状を読みあげた。「ドゥーフは十八年間長崎にとどまり、その間に異国船のことで多くの苦労をした。この長いあいだの忠節は将軍の賞賛されるところであり、ここに丁銀五十枚を贈る」。

この後『通航一覧』のオランダ人の御奉公は、一六七五（延宝三）年から一八〇七（文化四）年までの風説書の集成で終わっている。御奉公は、武の時代から文の時代へと変わっていった。幕府は海外情報をもたらす貴重な奉公人として、オランダ人の果たす役割をはっきりと認識した。とくに一八世紀の末からロシア、イギリス、アメリカなどさまざまな外国船が日本近海に出没する時代になると、オランダ人は通訳としてさらに語学教師として重要な働きをするようになった。

幕末の外交文書編纂者、林大学頭の編纂した「阿蘭陀国部　御奉公筋」は、オランダ人が近世日本に果たした役割の変化を、見事にあらわしているといえよう。

注　記

（1）乗り物とは、近世には高級な引戸駕籠をさし、ふつうの駕籠と区別していた。乗リ物に乗れる身分は細かく定められていたが、オランダ商館長にもこれが許された。

（2）目利《めきき》とは、文字どおり特定の商品について目のきく人であり、鑑定人である。生糸、反物、薬種などさまざまな目利があった。丈吉は父の願いのとおり、一八二一（文政四）年に唐物目利に任ぜられ、役料銀年に一貫目をあたえられた。

（3）「秘密日記」は、一九世紀に入り長崎に入港したオランダ以外の船について、その船の停泊期間中のオランダ商館との交渉などについて、商館長がふつうの商館日記とは別に日を追って記したものである。日蘭交渉史研究会訳『長崎オランダ商館日記』四は、秘密日記だけを収める。

（4）ベニョフスキー（一七四六～八六年）はハンガリー人で、ポーランド軍にくわわってロシア軍と戦い、捕虜としてカムチャッカに送られた。ここで一七七一年に脱走、ロシア船を奪って千島列島から日本に沿って南下し、マカオをへてフランスに渡った。途中、阿波、奄美大島に寄港し、オランダ商館長宛のドイツ語書簡で、ロシアの南下計画について警告した。この結果、北方防備の必要がひろく認識されることになった。

第四章　海外に開かれた南の窓──琉球の視点から

真栄平　房昭

◈アジアにおける沖縄（琉球）の位置

まず、沖縄の地理的位置について概観しておこう。日本列島の南に眼を向けると、九州と台湾とのあいだ約一二〇〇キロメートルにおよぶ海域には、薩南諸島・奄美諸島・沖縄諸島が弓状につらなるかたちで点在している。日本の最西端に位置する与那国島は台湾と国境を接しており、よく晴れた日には水平線の彼方に台湾を遠望できる。

地理的な視圏をさらに拡大してみると、これらの島々は環太平洋の外縁をなすと同時に、アジアに開かれた〈南の窓〉というべき位置を占める。日本の国家的枠組みで沖縄をとらえた場合、東京から地理的にもっとも遠い「辺境」というイメージが色濃い。しかし、こうした国家の枠組みを越えて、アジアの座標軸のなかで考えてみると、そこには別のイメージが浮かびあがってくる。

那覇を中心とした東アジアの地図

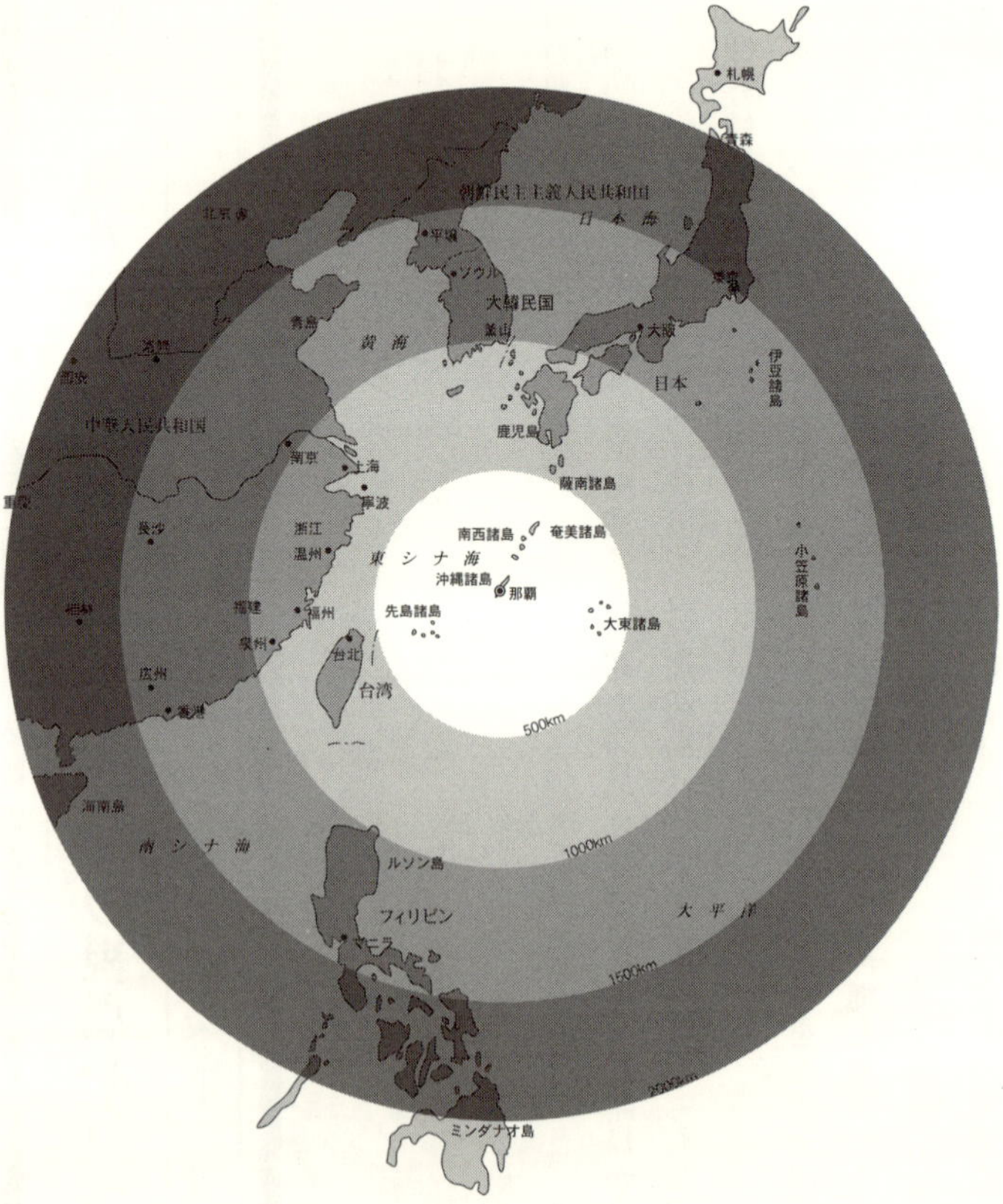

沖縄の中核都市である那覇から東京までの距離は約一五六〇キロ、さらにソウルが一二六〇、上海八〇〇、台北六三〇、マニラ一四五〇キロである。つまり那覇―マニラ間の距離は東京よりも近く、福岡より上海が近いのである。沖縄から飛行機で数時間の範囲内に、フィリピン、台湾、香港、韓国、中国があり、さらに足をのばせば、アジアのほぼ大半が視野に入る。その意味で、日本とアジアを結ぶ交通の要衝、いわば〈日本の南玄関〉としての位置を占めているのである。

このような地理的条件は沖縄の歴史にとって、明・暗ふたつの性格をあたえている。すなわち一五～一六世紀ごろの平和な時代の琉球王国は、その恵まれた地理的条件をフルに生かして、日本、中国、朝鮮、東南アジア諸国との中継貿易を活発に展開し、国際貿易の一大拠点として繁栄した。しかし、薩摩藩の支配を受けるようになった一七世紀以降、幕藩制国家の「鎖国」体制に組み込まれ、中国との貿易だけがかろうじて存続を認められた。

歴史は流れ、幕末期の東アジア海域に姿をあらわしたペリー艦隊は、日本の開国に先立って琉球を前哨基地として利用し、前後五回にわたって那覇に寄港した。ペリー艦隊の動きを地図上で追ってみると、東アジアにおける琉球の軍事・戦略拠点としての重要性がよくわかる。

さらに欧米諸国の一部にも、アジア戦略論的な見地から琉球を領有しようという議論が登場した。一八七六年、イギリス人バルフォールの主張によれば、琉球のような地理的利便を占める島々を領有することは、大国にとって有事のさいにきわめて便益であり、こうした軍事拠点の確保は「東洋」におけるイギリスの地位向上に役立つ。そのため琉球を領有して太平洋上のマルタ島となすべきであると論じている［『日本外交文書』第一〇巻］。

地中海のほぼ中央部に位置するマルタ島は、一九世紀初頭にイギリス領となり、海軍基地としてジブラルタルとともにイギリスの最も重要な拠点であった。そのようなマルタ島を念頭において、琉球の太平洋上の戦略的位置に注目したのである。また、一八七九年に清国をへて来日したアメリカの前大統領グラントも認識したように、「琉球南部諸島ハ台湾ニ接近シ、東洋ノ咽喉《のど》」［王芸生『日中外交六十年史』］であった。

のちに第二次世界大戦が勃発すると、沖縄は太平洋戦争における日米最後の激戦地となった。米軍は沖縄攻略のために一五〇〇隻の艦艇と七個師団、約十八万人にのぼる兵力を投入した。戦後、一九五一年のサンフランシスコ講和条約により、沖縄は日本の独立の回復とひきかえに本土から切り離され、一九七二年の返還までアメリカの施政権下におかれるという不幸な歴史を強いられたのである。

今日、米ソ冷戦の時代は終わりを告げた。しかし、極東における最大規模の米軍基地が沖縄になお存在している。アメリカの世界戦略と日米安保体制に組み込まれた沖縄は、軍事的に「太平洋の要石《キー・ストーン・オブ・ザ・パシフィック》」とよばれ、ベトナム戦争や最近の中東湾岸戦争でも、多数の米軍兵士が沖縄の基地から海外へ派遣された事実は記憶に新しい。このように、アジアのなかで沖縄が占める国際的条件をみると、戦争と平和という対照的な問題が、その歴史に深く刻まれていることがわかる。

琉球王国誕生から崩壊まで

数万年前〜12世紀頃…	沖縄の社会、文化の基礎を作り上げた時代。
12世紀〜………………	古琉球時代。按司が台頭し、琉球王国成立。日本や中国をはじめ、東南アジア諸国と外交・貿易を展開。
1609年〜………………	薩摩軍侵略。島津氏、琉球を征服する。幕藩体制下に組み込まれるが、琉球王国として中国との外交関係は存続。
1879年〜………………	明治政府により、琉球王国解体。「沖縄県」設置。

出所：『新琉球史』（古琉球編、近世編　上・下）を参照。

◈「鎖国」と海外情報

ところで、日本をとりまく国際関係史について検討する場合、ヒト・モノ・情報という三つの流れが大事な要素となる。ここでとりあげるテーマは、江戸時代における「海外情報」という視点からみた、琉球王国（沖縄）の歴史的特質である。

近年、日本近世史研究が進展するにつれ、旧来の「鎖国」史観に対する批判が行なわれつつあるが、硬直化した「鎖国」論は海外情報の面からも再検討の必要があるのではないかと、私は思う。「鎖国」という言葉のもつ閉ざされたイメージから、江戸時代の人々は海外の動きに対して無知、無関心であったように誤解されがちであるが、事実はそうではない。かなり多くの海外情報が幕府によって意識的に収集されており、また幕末期になると庶民レベルでも海外への関心が高まっていた。このことは、「鎖国」という用語の虚構性を暗示している。もちろん、江戸時代の海外情報は一般に広く公開されていたわけではなく、幕府による管理・統制があり、また人びとに受容された情報の内容や質についても身分階層の差によって、かなり事情が異なる点に留意しなければならない。

江戸時代の「海外情報」は、外国で生起したさまざまな大事件や戦争といった世界情勢のほかに、異国の文物に対する一般的な海外知識、あるいは幕末に来航した異国船の動向に関する風聞など、かなり幅広い分野の情報がそのなかに含まれる。

当時の人々は、海外から日本へ入るさまざまな情報を記録したものを「風説書」と称した。その具体例として、長崎に来航したオランダ船がもたらす「阿蘭陀風説書」と中国船による「唐船風説書」がよく知られる。江戸幕府は、長崎へ来航するオランダ船や中国船の乗組員から海外事情を聴取して、それらを文書にまとめた「風説書」の提出を義務づけ、こうした海外情報をもとに世界の動きを把握する体制をとっていた。たとえば、フランス革命やイギリス名誉革命といったヨーロッパの政治変動などもオランダ風説書によって日本に伝えられていた。

しかし、幕府にとっては、遠く離れたヨーロッパのできごとよりも、むしろ東アジア情勢をいかに早く正確に察知するか、という点がより大きな関心事であった。というのは、中国や朝鮮など近隣諸国で発生した戦争や地域紛争が日本に波及し、社会的に重大な影響をおよぼす可能性があったからである。そのため、幕府は長崎という対外窓口のほかに複数の情報入手ルートを確保し、琉球あるいは対馬経由で入る海外情報にも大いに注目していた。

従来の「鎖国」研究では、長崎ルートの海外情報にもっぱら関心が集中しているが、さらに視野を広げて、琉球ルートの情報についても解明していく必要があろう。以下、そのような情報の具体例をみていきたい。

◈琉球ルートの海外情報

琉球は日本にとって、長崎とは別の視点から「海外に開かれた窓」であった。琉球は一四世紀後半から中国と正式に国交を結び、「鎖国」時代においてもヒトやモノの国際交流が途絶えることなく、連綿とつづいたからである。

中国との外交的パイプを通じて入る琉球ルートの情報は、良質でしかも独自の内容を含んでいた。そのため、江戸幕府は東アジア地域において軍事紛争などが発生すると、長崎ルートのほかに琉球ルートの中国情報を入手し、外交政策の判断材料として利用した。そのことを明確に裏づける史料として、国立公文書館の内閣文庫に『華夷変態《かいへんたい》』という古い記録がのこされている。これは周知のように、一六四四年に発生した明清王朝の交替をめぐる中国の内乱を契機として、幕府が長崎来航の唐船から収集した「風説書」である。徳川将軍のブレーンであった儒者の林鵞峯《はやしがほう》が編纂したこの記録は、幕府の海外情報ファイルの集成ともいうべき貴重な記録である。

『華夷変態』のなかには、琉球ルートから薩摩藩経由で幕府に伝えられた中国情勢に関する政治・外

▶「華夷変態」に記された琉球ルートの海外情報

＊写真にみえる史料は、江戸幕府が琉球ルートから入手した「三藩の乱」（1673～81年）に関する情報の一部である。明清交替で功績のあった平西王・呉三桂は、しだいに清朝支配に不満をつのらせ、1673（康熙12）年ついに反旗をひるがえした。これに呼応して立ち上がった広東の平南王・福建の靖南王をあわせて「三藩の乱」とよぶ。この戦乱は、東アジアの周辺諸国にもさまざまな影響を及ぼし、三藩の使者が軍器の援助などをもとめて日本・琉球へも渡来した。当時、中国に滞在していた琉球国の進貢使節たちによって、この「三藩の乱」をめぐる生々しい政治・外交情報が収集され、それが薩摩藩をつうじて幕府の中枢に伝えられた。（写真はすべて『華夷変態』内閣文庫蔵）

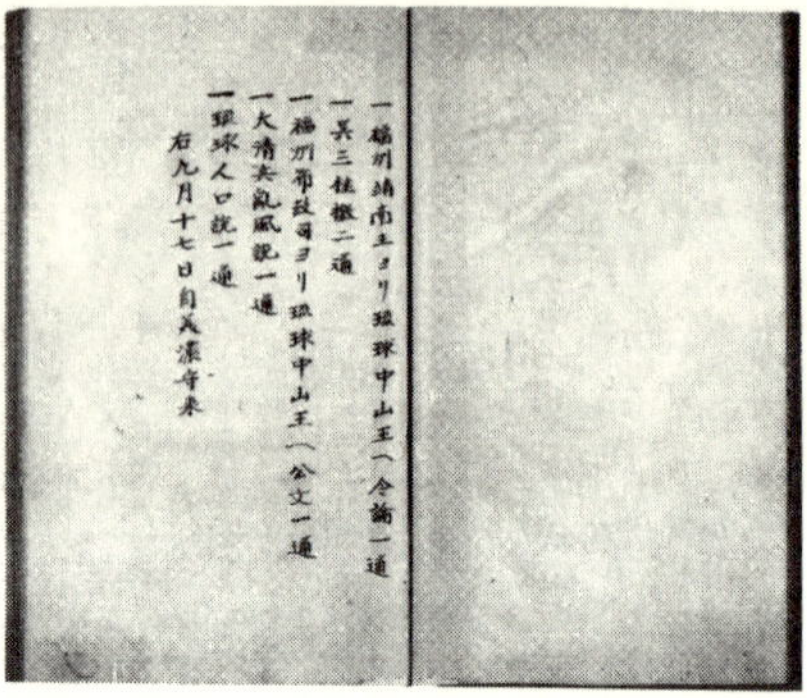

一福州靖南王ヨリ琉球中山王ヘ令諭一通
一呉三桂檄二通
一福州布政司ヨリ琉球中山王ヘ公文一通
一大清兵乱風説一通
一琉球人口説一通
右九月十七日自美濃守来

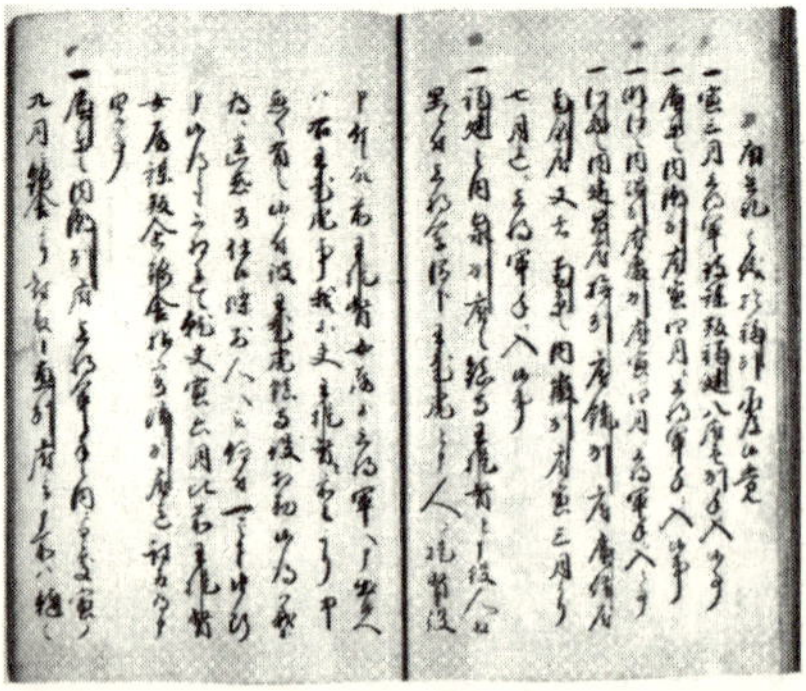

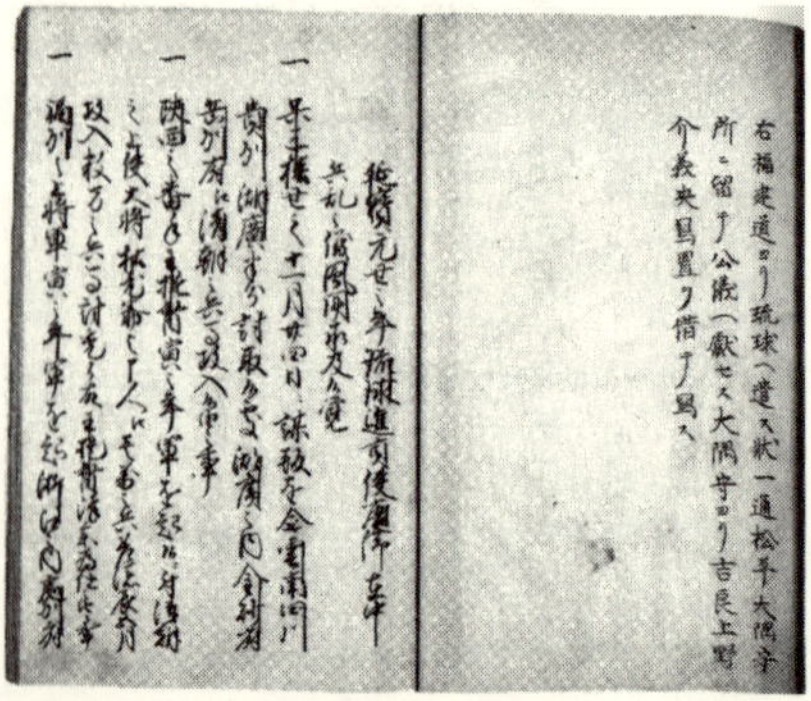

右福建道ヨリ琉球ヘ遣ス状一通松平大隅守
所ニ留テ公儀ヘ献セス大隅守ヨリ吉良上野
介義央写置ヲ借テ写ス

交情報が少なからず収録されている。たとえば、一六四四年の北京陥落をはじめとする明清動乱についての情報、さらに一六七三〜八一年にかけて清朝に叛旗をひるがえした将軍呉三桂らによる「三藩の乱」に関する詳しい情報などがあげられる。

幕府の意を受けた薩摩藩では、琉球王府に海外情報の提供を求め、それに応じて幕府に報告されたものが『華夷変態』に収録されたのである。

それらは琉球の朝貢使節たちが実際に体験したことや旅行中の見聞にもとづいて、中国社会の動向を伝えた現地レポートであり、その内容は変転する中国情勢の推移をよくつかんでいる。その正確さは長崎ルートの「風説書」にまさるとも劣らない。こうしたリアルな海外情報が、琉球から薩摩藩を通じて幕府上層部の耳に届けられたのである。

◈海外情報と「境界性」

一九世紀に入って欧米列強の外圧がしだいに強まると、日本にとって海外情報の収集は外交政策の舵取りを決めるうえでいっそう重要となった。そのため、幕府・諸藩はできるだけ多くの海外情報を入手しようと努めた。

こうした状況下の幕末日本において、薩摩藩の島津斉彬は諸大名のなかでとくに外国事情に明るく、時代の流れを敏感に察知した「開明派」の大名としても知られる。その斉彬のもとには、イギリスと中国とのアヘン戦争（一八四〇～四二年）の動向やペリー艦隊に関する軍事情報などが、琉球ルートを通じて多く集められていた。たとえば、清国をゆるがした太平天国の乱（一八五〇～六四年）について、清国へ渡った琉球の朝貢使節たちが現地で見聞した詳しい情報をいちはやく入手し、幕府老中の阿部正弘に「唐之様子書」を提出している。また、同じ政治グループに属する一橋派大名への手紙のなかでも「唐国争乱」の状況を知らせている。

これらの情報は、幕末日本をとりまく東アジア情勢の推移を慎重に判断する重要な材料となった。西郷隆盛や大久保利通といった明治維新で活躍する人材を多く輩出した薩摩藩の指導者であった島津斉彬は、「明治維新の設計者」ともよばれ、その開明性と見識を高く評価されている。それを支えた要因のひとつが、琉球ルートを通じて集められた豊富な海外情報にあったことはいうまでもない。

以上、「鎖国」と海外情報という視点から、とくに琉球ルートの情報の流れとその意義について、いくつかの問題を例示してきた。その歴史的特質を理解するひとつの重要なポイントは「境界性」にある。日本列島の南端という周縁・境界的な位置を占める琉球（沖縄）は、歴史的に古くからアジアとの交流の接点となってきた。つまり境界性という条件が異国と接触するチャンスをそれだけ豊富にしたのである。

異国と接する「境界性」ゆえに、琉球には外からの海外情報が多く入り、それらの情報は日本にも転送された。すなわち、江戸時代における海外情報の入手ルートという視点からみれば、琉球は情報を敏感にキャッチできる、いわば高感度受信アンテナのような役割を果たしたといえよう。

第五章　鎖国文化に貢献した南洋貿易

清水　元

ひより山へ上りて見れば、さまの舟かよ、波風も静かに、舟もはやかれ。……日本より唐土をさして行く人のろそん（呂宗）かぼちゃ（柬埔寨）は島へ帰らぬ。

明治中葉の八丈島で、若い娘が八丈縞を織る手をとめてしたたる黒髪をかきあげながらくちずさんだ、あるいは夕陽に赤く染まる浜辺で甘蔗《かんしょ》焼酎を酌む漁師たちが興にまかせてうたいあげたこの里謡は、徳川時代初期に全国を風靡したはやり唄である。明治の中葉でこそ、八丈島のような離島でしか聞けなくなったとはいえ、呂宗《ルソン》（現在のフィリピン）や柬埔寨（カンボジア）の地名はそこへ渡った日本人の思い出とともに、なんと二百余年の鎖国時代をも超えて、人々のくちずさむ里謡のなかにうたいつがれてきたのだ。日本と東南アジアの関係史の根底には、こうした南洋と日本人との関係についての民族的な記憶が横たわっている。

◆経済社会の形成と生活革命

この記憶をささえた原体験は、一六〜一七世紀初頭の鎖国前の日本人が南洋各地に雄飛した、いわゆる朱印船貿易や南洋日本町の時代にまでさかのぼる。このころの日本は、中世から近世への転換点を迎え、経済的利益を追求することがひとつの価値として定着したという意味での「経済社会」を形成しつつあった。「経済社会」化の呼び水は、室町時代以来進行してきた都市における消費生活の変化と需要の増大であった。この時代の日本は、いわゆる「和風」といわれる生活様式を確立し、それにともないさまざまな新しい生活財を生みだした。まず、住宅建築の様式が、寝殿造りから書院造りへ移行し、床の間や、今日のように常時部屋の床面いっぱいに畳を敷きつめた座敷が出現した。衣生活では、木綿の使用がひろまり、庶民にも柔らかく暖かい衣料が普及した。食生活での変化・革新はさらにいちじるしく、醤油をはじめとして、豆腐、納豆、そうめん、魚肉のすり身の「かまぼこ」など今日の和食には欠かせない食品が発明された。

このように和風の生活様式が確立されていくいっぽうで、外国の文物にたいする関心が高まったことも、この時代の特徴であろう。青磁の壺や天目茶碗などの「唐物」とよばれる中国、朝鮮、琉球からの美術工芸品をはじめ、「南蛮」の文物にも、当時の日本人は強い興味とあこがれをもった。つまり、室町から安土・桃山時代をへて徳川初期へいたるこの時期の日本に進行した変化は、一種の風俗・生活革命と呼んでよいものであり、それは、いっぽうで、外国との商品貿易による新しい文物の輸入という観念に結びついていた。

◈南洋物産のもたらしたもの

一六世紀の半ばから一七世紀の初頭にかけての、いわゆる朱印船貿易による日本人の南洋地域への進出もまた、そうした時代を背景として展開されたものであった。当時の南洋からの輸入品は、けっして貴族的消費に向けられる奢侈品、嗜好品を主体とするものではなく、生活革命を達成し、経済社会への道を進みつつあった日本社会が要求する各種の物産であった。生糸・絹織物類をはじめ、毛織物、木綿物類、薬種、香料などの生活必需品から、軍需的用途や新産業の原料として用いられる金属、鉱石類、皮革類、染料類に及ぶ広範な物資が、フィリピン、シャム、インドシナ方面から輸入されたのである。

当時の輸入商品のなかでかなり重要な地位をしめた特殊な物産に皮革類がある。なかでも武器防具、衣類の材料皮として、フィリピン群島、とくにルソン島、台湾、インドシナ方面から主として輸入された鹿皮と鮫皮は、もっとも重要な輸入品のひとつであった。これらの地域からいかに大量の皮革類が日本にもたらされたかは、一六世紀後半のフィリピンで、日本人の鹿皮輸入のためにルソン島の鹿が絶滅のおそれがあるから、日本への輸出を禁止すべきだといった議論が真剣に行なわれていた、といったエピソードからも類推することができる。

こうした南洋の物産は、鎖国後も日本の文化に大きな影響を与えつづけた。朱印船貿易家の地位こそ、平戸商館とヴェトナムを結ぶオランダ船にとって代わられたとはいえ、文物の流入そのものが止まったわけではないからだ。

田中優子［一九九〇］によれば、江戸の粋の極致といわれる「縞」柄は東南アジアからやってきて江戸庶民のあいだにひろまり、大衆化したという。オランダ人が描くバタヴィアの風景画と亜欧堂田善の『両国真景図』の類似、インド・インドネシア産更紗のたばこ入れ、エキゾチックな色彩と文様に彩られた金唐革の馬具や屏風等々、江戸文化のあまりにも多くのものが南洋の文物とのつながりのなかで作りあげられたものであったことには驚かされる。それらのモノがもつ前代未聞の色、模様、形などの「異」なるものとのせめぎあいのなかで、江戸の人々は「縞」の粋を獲得していったのである。

◈商品貿易という観念

ところで、このように、広範かつ大量の物産を南洋から輸入して生活革命を成就し、「経済社会」への道を切り開いていった一六～一七世紀初頭の日本人は、必要なものは通商貿易によって獲得するという明確な意志の持ち主であった。そうした「商品貿易」の観念をもっていればこそ、多くの日本人は太平洋の波濤を越えて東南アジア各地へ渡っていったのである。当時の日本人がもっていた「商品貿易」という観念は、この時代のアジア世界にあってはけっしてありふれたものではなかった。アジアの二大国である中国とインドは、伝統的に国家として外国との「商品貿易」を保護奨励するという観念を欠いていた。

歴代の中国の王朝は、「朝貢貿易」というかたちでの貿易には関心をもたなかったわけではないが、取引形態からいえば、それは市場交換を内容とする「商品貿易」ではなくて、「贈与貿易」とよばれるべき性質のものである。そのことをもっともよく示す例は、明代の鄭和《ていわ》の大航海（一四〇五～三三年）の記録であろう。この航海はもともと、貿易の増大を目的としてなされたものではなかった。ジョージ・サンソム［一九六六］によれば、残された記録には、商品貿易に関する記述はまったくなく、異国の王たちを服従させて貢物を送らせた宣徳帝の徳化力とか、アフリカから贈られたキリンなどの珍奇ですばらしい贈り物のことがこまごまと述べられているにすぎない。

また、明代の中国は、船舶や国民が海にでることを禁止する海禁政策をとり、あくまで民間商人の自由な外国貿易を禁止しようとした。だが、生糸や木綿というこの時代の主力商品の生産中心地を背後にひかえた楊子江下流域の浙江、広東、福建地方の商人たちは、国の禁令にもかかわらず、海にでてさかんに外国商人との密貿易に従事した。中国人商人のもたらす絹、生糸、木綿は南洋の物産とともに、生活革命の途上にあった当時の日本人にとっては、のどから手がでるほどほしい商品だったのである。いっぽう、中国人の側でも、国内の商業活動の活発化にともない、商品流通を媒介する貨幣として銀が広範に使用されるようになっていたから、豊富な日本銀はきわめて魅力的な商品であった。

伝統的に「商品貿易」の観念を欠落させていた中国とインドという二大国家の「はざま」世界としての東南アジアは、これら日本人商人と中国人商人に交易のための出会いの場（市場）を提供したのである。一六世紀末になると、呂宋、交趾《コウシ》、東京《トンキン》、柬埔寨、暹羅《シャム》などの東南アジア各地には、毎年のように日本の民間貿易船が訪れ、南洋の物産とともに中国の商品を買い求めていった。そればかりでなく、現地の人々や南洋の物産を求めて東南アジアへ集まってきた西洋人との取引もさらに大きな発展をみた。

長崎唐館交易図巻（神戸市立博物館蔵）
長崎に来航した中国の「南洋」船

◈経済社会と交易する「貿易港」

こうして、東南アジア各地の港は、日本人、西洋人、中国人、インド人、アラビア人そして現地人の商人が一堂に会し、交易を行なう場となった。その周辺には、中国人、オランダ人、ポルトガル人などの居住地区がそれぞれつくられた。「南洋日本町」も、もちろんそのひとつである。これら世界各国の商人たちが、東南アジアの開港場に集まってきた理由は、この地に当時の人々のほしがる多くの物産があり、いっぽう、中国の海禁政策が日本人と中国人との民間の直接貿易を禁じていたところだけにあるのではない。それらの場所が、本来、そうした商取引を保障する制度的仕組みを備えていたからである。

経済人類学者カール・ポランニーは、共同体の経済がどのように外部にかかわるのかをとくに問題にし、「古代的経済」において共同体内部の均質性を保持しつつ、継続的に対外的交易を行なう場合の不可欠の制度としての「貿易港《ポート・オブ・トレード》」という概念を提起している。ポランニーの明らかにした重要な点は、「貿易港」における商取引はけっして「自由取引」ではなく、政治的に管理されているということにあった。すなわち、「貿易港」における管理貿易は、①正式な条約関係を基礎とし、②交易についての政府の管理は品質検査、実際の財の交換、貯蔵、保管、「支払い」の規定など広範な範囲

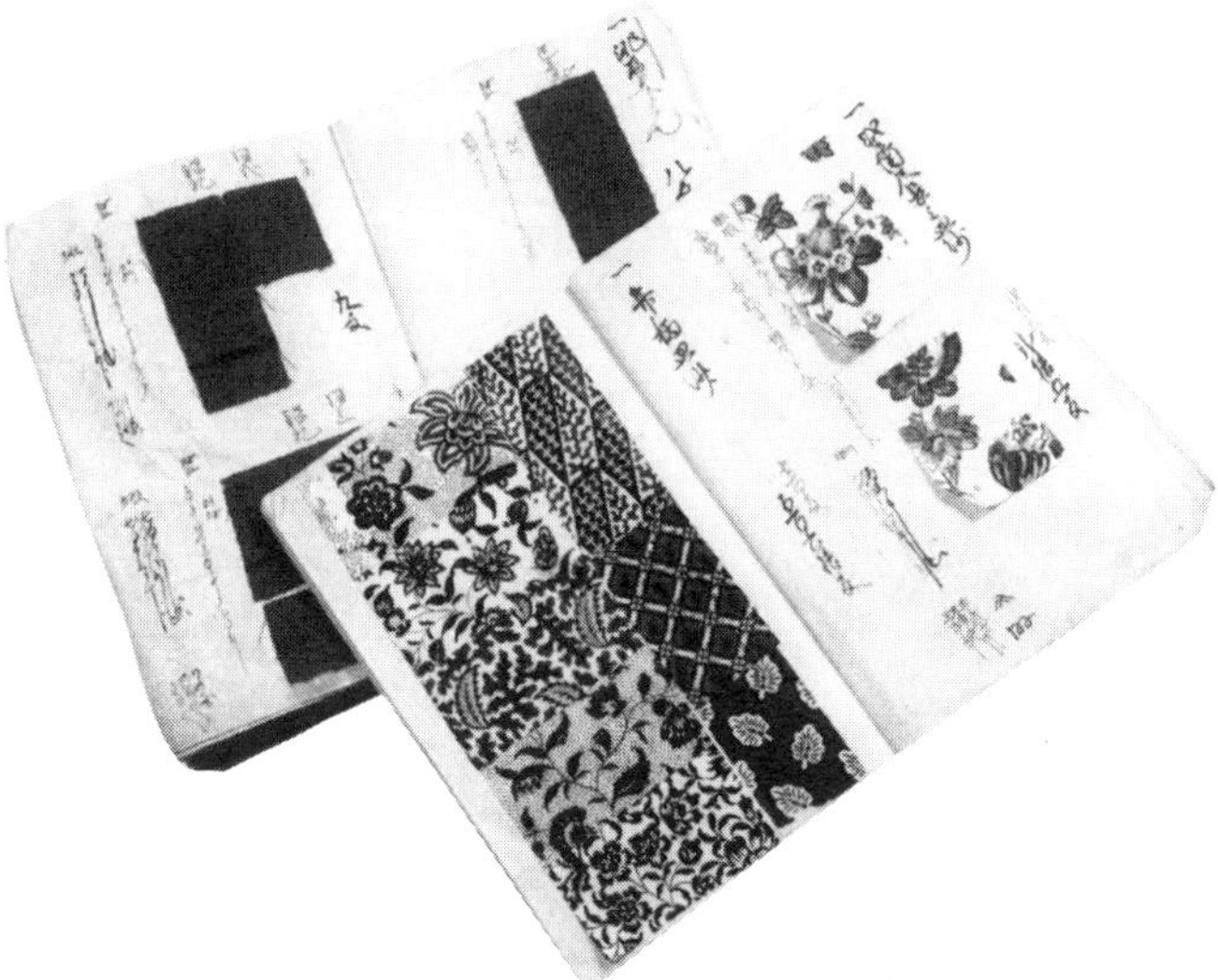

反物見本帖（長崎市立博物館蔵）
インド産さらさの生地見本もみられる。

染付芙蓉手V.O.C.マーク入り皿
当時このような有田諸窯の陶磁器を輸出していた。（神戸市立博物館蔵）

及び、③「貿易港」は、内陸にたいする軍事的な安全保障、外国の交易商人にたいする民事的保護を提供する、などの特徴をもつ。

米国の文化人類学者クリフォード・ギアツも、一九世紀のバリ島にそうした「貿易港」の制度をみているが、朱印船が赴いた東南アジアの各地は明らかにこれら「貿易港」の要件を満たしていたといえる。まず第一に、朱印船制度においては、朱印状を発行した政府である徳川幕府と、その効力を認めようとする南洋諸国の相手国政府とのあいだには、朱印状についての了解・承認ないしは協定が成立していたから、正式の条約関係に基礎をおく交易というポランニーの「貿易港」の第一の要件は満たされている。第二の点については、東南アジア各地に来航した朱印船は、それぞれの王朝によってとくに開設された市場において、政府官憲の管理のもとに貿易を行なった。その管理は、積み荷の品質、数量検査にまで及んでおり、「貿易港」の貿易手続きを連想させるものである。

さらに、朱印船の渡航先はいずれも、首府かこれに準ずる政治経済上の中心都市の港か、それらの都市にきわめて近接した外港にあたる港町で、ポランニーの「貿易港」のモデルとなった、一八世紀前半の西アフリカ奴隷海岸ダホメ王国の外港ウィダの位置によく似ている。南洋日本町は、当然、こうした「貿易港」の周辺につくられた。ダホメのウィダにおいては、国王によって積極的に誘致されたヨーロッパ商人には、治外法権の地と交易にかかわる自治権が与えられていたが、南洋日本町をはじめ、南洋諸国の外国人居留地もまた、一般的に自治権をもち、この自治制では治外法権すら備えているのが普通だったとされている。ポランニーの「貿易港」の第三の要件にいうとおり、それは、そ

朱印船から鎖国まで

1570年	イスパニア、マニラに入る。
1571年	大村純忠によって長崎開港。オランダ人、フィリピンのマニラ市建設。
1590年	豊臣秀吉の統一。
1592年	秀吉、京都・長崎の豪商に朱印状を与える。
1596年	オランダ人、ジャワに達す。
1600年	関ヶ原の戦い。イギリス、東インド会社設立。
1603年	江戸幕府開く。
1604年	朱印船貿易はじまる。
1608年	タイのアユタヤにオランダの商館が開設される。
1609年	オランダ、平戸に商館設置。島津氏、琉球を征す。
1611年	明商人の長崎での貿易を許可。
1618年	ピニャルー（当時のカンボジア内プノンペンの北方）の日本町に約70人の日本人キリシタンが居住。
1619年	オランダ、ジャワに総督をおき、バタヴィア市を建設。
1630年	シャムに渡り、日本人の軍勢をひきいて活躍した山田長政、プラサットン王に毒殺される。
1631年	幕府、外国向けの商船に、朱印のほか奉書を交付すること（奉書船制度）定める。
1632年	タイのアユタヤの日本町が焼き討ちされる。
1635年	朱印船貿易終わる。
1636年	長崎の出島成立
1637～38年	島原の乱
1639年	鎖国完成

出所：小倉貞男『朱印船時代の日本人』中公新書、『週刊朝日百科　日本の歴史78』朝日新聞社をもとに作成。

の土地の政府が、言語、習慣、法律を異にする外国人の取締りの困難を回避するための工夫であり、居留地の政権所在地からの隔離は、政府が外国人からの軍事的脅威にさらされることを避ける配慮であった。

このように、東南アジアの各地が、それ自体に「貿易港」という内在的性格を備えていたことこそ、一六〜一七世紀初頭、多くの日本人が、朱印船を駆ってこの地へ赴き、そこかしこに日本町を形成した理由にほかならない。生活革命を達成し、経済社会への道を歩みはじめていた当時の日本において、明確な「商品貿易」の観念をもった経済人が、東南アジアの「貿易港」に殺到したのはきわめて自然ななりゆきだった。こうした経済社会と貿易港との結びつきの必然性こそが、日本と東南アジアの関係を今日にいたるまで文明史の深層において規定している特質といえよう。鎖国期日本の文化もまた、このつながりがもたらした南洋の文物のうえに花開いたものだったのである。

第六章　南蛮への路、韓への路

田代和生

◈完全ではない日本人の海外渡航禁止令

いわゆる「鎖国」政策の重要な要素に、日本人の海外渡航禁止令がある。渡航ばかりではない。「鎖国」令が出はじめたころには、海外在留が五年に満たない者の帰国を許していたが、それもやがて禁止され、違反した者は死罪に処せられた。日本人の海外への出入りを厳しく禁じることが、徳川幕府の対外政策の重要項目であったことは間違いない。諸外国との交流が日常化している現代人の目からすれば、信じられないような法律である。かつて和辻哲郎が『鎖国』という著書のサブタイトルに、「日本の悲劇」と名づけたのもわかるような気がする。

だが江戸時代に、日本人の海外への出入りが、完全になくなったのかといえば、そうではない。朝鮮国王が日本の徳川将軍と対等に外交を成立させ、近世を通じて十二回の通信使来日があったことはよく知られている。この朝鮮とのあいだの外交実務や貿易は、対馬藩宗氏が幕府から一任されていたが、これらの業務はすべて朝鮮半島の南端、釜山でおこなわれていた。ここに倭館という、約十万坪の敷地をもつ日本人居留地があり、そこに四〇〇～五〇〇人ほどの人々が生活していた。日本とのあいだを往復する船は一年間に八十艘くらいで、乗船しているのはすべて日本人である。倭館で、数年間にわたって居住する者もおり、この日本町は「鎖国」時代はもとより、一八七三（明治六）年まで存続していた。

「鎖国」による日本人の海外渡航禁止を考えるとき、この倭館の存在はきわめて不可解である。いくら大名に統制されているとはいえ、幕府の目のとどかない外国の地へ多くの日本人が往来し、居住をつづけている。一方に法で厳しく出入りを禁じながら、他方に出入りを許す地域がある。幕府は、なぜ倭館の存在を許したのか。

◈拡大した世界

「鎖国」時代の倭館の存在を考える前に、幕府が日本人から遠ざけたかった「海外」とはなにかをさぐってみたい。まずここで指摘しておかなければならないことは、当時の「海外」あるいは「世界」のもつ意味が、現在とはかなりかけ離れているという点である。かつて織田信長は、諸国統一のあかつきに、唐・天竺までも平らげようと豪語し、後継者の豊臣秀吉がそれを朝鮮出兵といったかたちで実行に移した歴史は有名である。この場合、唐は、中国・朝鮮（韓）など日本の近隣の国々を莫然とさし、天竺はそれよりもさらに遠い国（日本にとってはお釈迦様の国）といったイメージでとらえられている。この唐・天竺に日本を加えたのが「三国」であり、これが当時の「世界」観であった。まさに「三国一」の言葉は、その頂点に立とうとするものが夢に描く世界制覇にほかならなかったのである。

一五四三年、ポルトガル人の種子島漂着は、この日本人の世界観にいっそうの彩りをくわえたものの、活動地域をヨーロッパにまで拡げたわけではなかった。それは、あくまでもアジアの領域をでるものではなかった。当時の日本人は、ポルトガル人と、それにつづいて登場したイスパニア人を総称して「南蛮人」とよんだ。南蛮とは、中国の世界観にある異域・異国を示す四夷（北狄・南蛮・西戎・東夷）のひとつであるが、ポルトガル人・イスパニア人を彼らの母国の方角である「西戎」とせず、「南蛮」としたことが、その当時のヨーロッパ人とのかかわり方をあらわしている。一六〇〇年、リーフデ号で豊後国に漂着したオランダ人・イギリス人は、一種異なるために「紅毛人」とよんで識別されたが、いずれにしろヨーロッパ人が日本に登場するときは、一様に南方から現われたからである。

ヨーロッパ人たちは、その「南蛮」へ日本人を誘った。南蛮とは、すなわち東南アジア諸国のことである。おそらく日本の歴史のなかで、これほどこの地域とのかかわりが深くなった時代はないだろ

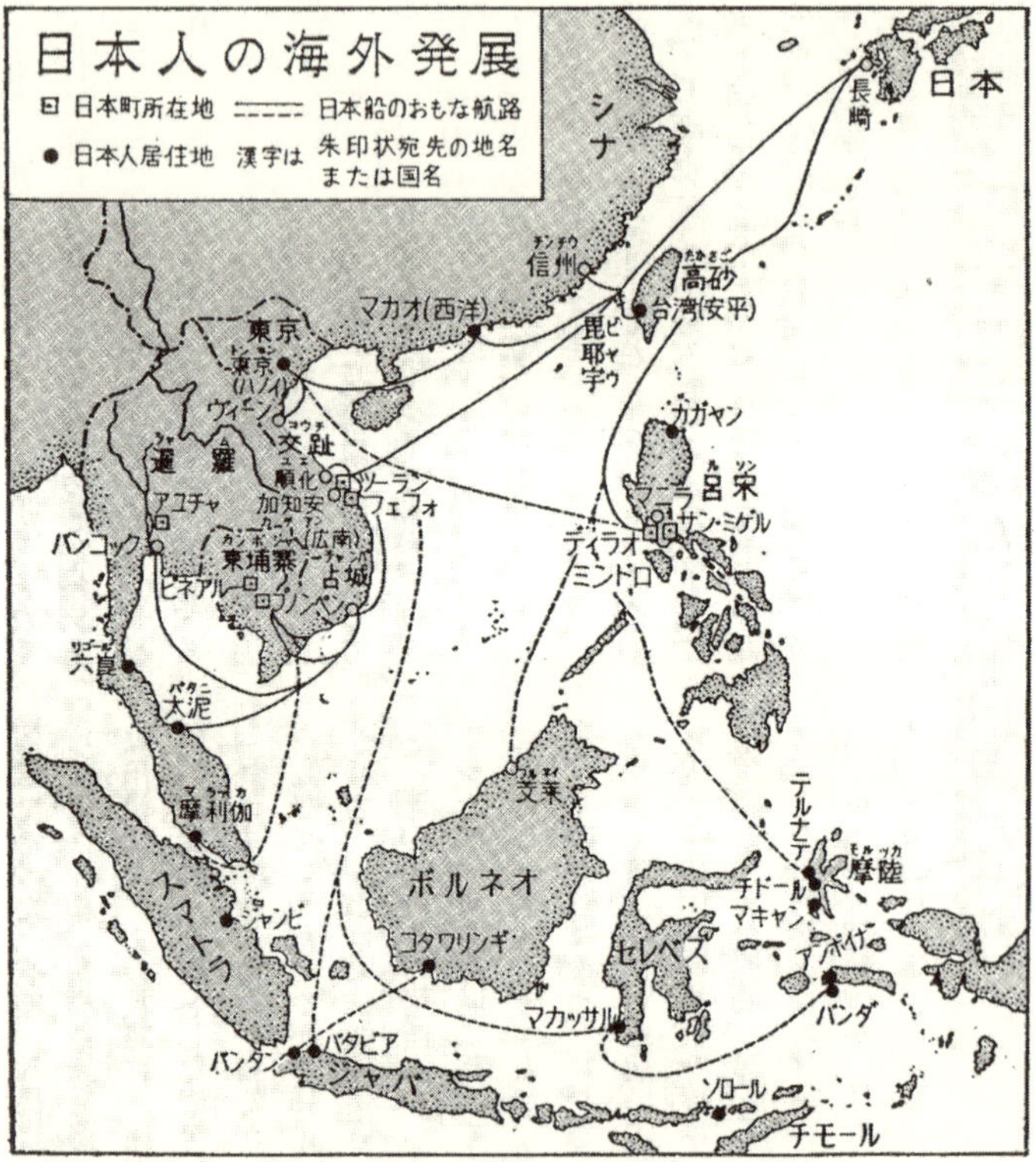

出所：岩生成一『日本の歴史14 鎖国』中公文庫、211頁より。

う。商人はもとより、大名までも、秀吉や徳川将軍の発行する朱印状（渡航証）を受けて、大勢の日本人が勇躍として海外へでていった。東南アジア諸国には、多くの日本町ができ、各地に日本人居住地が点在するようになった。岩生成一は著書『鎖国』のなかで、朱印船の航路と主な日本町所在地、日本人居住地を「日本人の海外発展」と題した地図に明確に示している（図参照）。この時代、日本人の進出する地域は、かってなく南方へ拡大したことは確実である。

◈アジアの「火薬庫」

しかし、朱印船が活躍した地域は、日本人のひとり舞台ではなかった。そこには朱印船が到達する以前から、ヨーロッパ人の利権が錯綜する場であった。彼らは東南アジアの香辛料をもとめ、また中国の絹やインドの木綿など、アジアの珍品をもとめて大航海時代をたくましく生き抜いた海の勇者たちである。中国人華僑の活躍も、めざましいものがあった。したがって朱印船の航路や交易地は、彼らと共有する関係にあり、それもかならずしも良好な関係とはいえなかった。

日本では、キリスト教弾圧の被害者として描かれるポルトガル人やイスパニア人たちも、東南アジアでは香料群島（テルナテ・ティドール・バンダなど）をめぐって、熾烈な争奪戦をくりひろげる商売がたきであった。これに遅れて加わったオランダは、建国以来のライバルであるイスパニアへの激しい敵意をいだいていた。一六〇二年、オランダは東インド会社の設立を契機に、豊富な資金と優勢な艦隊を背景に、アジア市場を着々と我がものにしていく。相手国船団の攻撃、撃沈、拿捕にかけては、細身に改良されたオランダの誇るフロイト船がつねに優勢であった。船の砲口は、やがて同盟国だったイギリス商船にも向けられるようになり、オランダの圧迫によって平戸やシャムのイギリス商

バタビアにおける中国人大虐殺の様子（1740年）。利益争いをもとに、東南アジアでは争いが絶えなかった。（『オランダ東インド会社の歴史』科野孝蔵著　同文舘、66ページ）

館が閉鎖に追いこまれる。

そのころ、東南アジアはヨーロッパ人による四つどもえの戦いがくりかえされる、アジアの「火薬庫」にほかならなかった。岩生の地図がしめす「日本人の海外発展」図は、その紛争地域に日本船が出没するようになったことをしめしている。はたして、日本人は南方地域でのトラブルに無縁ではありえなかった。日本町や朱印船の寄港地で、利害関係が原因で起きる事件があとを絶たなかった。対日交易の生き残りをかけて、日本とは比較的良好な関係を保とうとしていたオランダ人とも、一六二八年、ついに利害関係が原因で朱印船と悶着を起こす（浜田弥兵衛事件）。

朱印船が携帯する朱印状は、発行した幕府はもとより、東南アジア諸国の相手国とのあいだに了解・承認が成立していたといわれるが、一枚の、それも国家基盤の非力なアジア諸国に宛てた渡航証が、戦場でいかなる効果をあげるか大いに疑問である。朱印船は、のちに老中の発行する許可書（奉書）もあわせて持参しなければならず、受給者が制限されるが、平和な海を想定してできあがっているこの渡航制度にとって、南の海はあまりにも危険でありすぎた。

◈倭寇の去った海域

「鎖国」令が発令される一六三〇年代の前後、日本人にとってもっとも安全な海域は、南よりも北への方向であった。博多から船首を北に向け、壱岐・対馬、そして朝鮮へいたる韓への路である。ここはその昔、倭寇が暴れ狂う最大の危険海域であった。壱岐・対馬は「倭寇の島」として恐れられ、朝鮮半島を襲う船団がしきりに出没した。この状態に、建国まもない李氏朝鮮政府は、断固とした姿勢をもってのぞみ、対馬島主宗氏の協力を得ながら、倭寇の動きを封じていった。やがて一五世紀から一六世紀にかけて、いわゆる「後期倭寇」の時代になると、その出没する場所もかつての玄界灘から、東シナ海や南方海域に移っていった。種子島に漂流したポルトガル人が、中国人の〝大倭寇〟、王直（?～一五五七年）[1]の船に乗っていたという史実からもうかがえるように、倭寇の主役はもはや、日本人から中国人へ交代をとげていた。

倭寇の去った海域、韓への路は、倭寇退治に尽力した対馬宗氏の独占体制が着々と築かれていった。朝鮮側からみれば最大の、そして〝国家的な大倭寇〟の襲撃にほかならない豊臣秀吉の朝鮮出兵により、この路はいったん遮断される。しかしそれも徳川時代になるとまもなく、宗氏の復旧交渉が実を結んで再開の運びとなった。一六〇七年、正使(2)、呂祐吉以下、四六七人からなる大使節団「朝鮮通信使」が来日し、その二年後には日本からの船の渡航数などを明記した「己酉《きゅう》約条(3)」が対馬島主宗氏と朝鮮政府のあいだで取り交わされた。平戸にいたイギリス人は、朝鮮貿易の利益に注目して、この交易路に割りこむことを考慮したこともあるが、宗氏と朝鮮国が長年かけて築いた結束を、ついに崩すことはできなかった。

◈試された韓への路

一六三〇年代、ちょうど「鎖国」が推進されるころ、韓への路が試される事態が起こった。宗氏とその家老、柳川氏との対立から、復旧交渉の時期に朝鮮とのあいだで交わされた国書を改ざんした事実が暴露され、御家存亡の危機を迎えたためである。それでなくても外様大名である宗氏が、外国である朝鮮国へ船をだし、貿易利益を独占する状態は、海外渡航の禁止、幕府の直轄都市長崎への貿易集中、大名はじめ武士の交易への参加禁止という、「鎖国」の方向づけに逆行していたといえる。宗氏の失態は、対外関係の是正をはかる幕府にとって、明らかな好機だったはずである。

ところが結果は、宗氏を温存し、従来どおりのやりかたで朝鮮との関係が維持される裁断がくだされた。幕府は、中国やオランダにない、国家間の唯一の対等外交が朝鮮国とのあいだに成立していたことを重視していた。「鎖国」政策を厳守し、日本流の新たなやりかただけを押し通せば、あの華麗な通信使の来日は望めない恐れがあり、将軍の唯一の外交のパートナーを失うやもしれない。事件は、中世から朝鮮と特殊な通交体制を築いてきた宗氏の役割を再確認させ、またアジアにおける日本の位置、そして隣国、朝鮮国の存在をあらためて認識させることになった。

倭館を往来する日本船は、すべて宗氏が発行する渡航証を携帯していた。ここはアジアの「火薬庫」とは異なり、距離的にも近く、かつまたその安全な海域は、一枚の紙で往来する者を十分に統制できた。朝鮮国は、キリスト教を禁止する日本の国法に理解を示しており、朱印船で心配したようなキリシタン潜入の恐れはない。それよりも、この朝鮮半島の背後に大国、中国（明・清）がひかえており、ほかからは望むことのできない北からの大陸情報が入手できた。またポルトガル船の来航禁止後、減少する恐れのある輸入品、とくに中国産品の供給ルートとしてのメリットもあった。アジアの「火薬庫」から日本人を回避させ、いっぽうで安全な海域である韓への路へ、大名の支配下で出入りを許す。これら対照的なふたつの選択は、一六三〇年代の幕府の「鎖国」政策とはなにか、あらためてわれわれに問いかけている。

注記

（1）倭寇の頭目として有名な明の密貿易者。はじめ、塩商を営んだのち、海船を造り、禁制品の硫黄などを持って、日本、ルソン、タイなどと交易し、巨富を築いた。

（2）朝鮮通信使一行は、正使・副使・従事官の三使官と随員からなり、正使は文官の堂上官で吏曹参議の格があたえられていた。

（3）一六〇九（慶長一四）年、朝鮮と対馬の宗氏とのあいだで交わされた通交貿易上の諸規定。全十三箇条で宗氏への米・大豆の賜給、日本からの使節の接待方法などを細かく規定していた。

第七章　朝鮮からみた日本の「鎖国」

宮嶋　博史

◈日本の「鎖国」論に欠けているもの

近年日本史の研究においては、近世＝江戸時代の見直しがさかんであるが、その特徴のひとつは、近世と明治以降の近代との連続面が重視されていることだろう。近世、とくにその前期における人口と耕地の爆発的増加を前提として、同時代の西欧にも劣らない成熟した経済社会が成立したことが説かれ、それを可能にした要因として、勤労革命の達成、徳川の平和、家制度の確立と家業＝天職観の形成などがあげられる。そして、近世におけるこうした達成が近代以降の発展を可能にしたとされるのである。幕末以降、西欧あるいは米国を到達目標として追い求めてきた日本が、経済的な面でこれらの地域を追い越してしまったと思える現在、日本の発展パターンを欧米モデルで説明することは不可能であり、日本に独自なものをもとめて、伝統の再評価に目が向けられるのはごく自然なことである。

こうした状況のなかで「鎖国」についても、新たな角度からの捉え直しがおこなわれている。たとえば「鎖国」体制のもとでの軍縮と平和、賦存資源の最大限の活用等に、今後の日本の進路に生かすべきものをもとめようとする議論などはその代表的なものである。総じて「鎖国」論は日本の近世に独特のものとして、そこになにか日本に特殊なものを発見しようとする議論が一般的なのであるが、

倭館図（韓国国立中央博物館蔵）

最近こうした通念にたいする有力な批判もではじめている。「鎖国」という言葉自体は、一九世紀はじめ以来のヨーロッパ勢力の東アジア進出という事態のなかでつくられたものであり、「鎖国」は正しくは海禁と幕府による貿易統制ととらえなければならない、こうした体制は日本に独自なものではなく、同時代の李朝朝鮮や清朝中国にも共通してみられるものである、という議論がそれである。

この最近の議論にしたがえば、日本の特殊性を「鎖国」と結びつける従来の議論はなりたたなくなる。したがって近世日本の「鎖国」の特徴を論じるためには、なによりも朝鮮や中国の海禁体制との比較が重要になるわけであるが、こうした比較は現在まで本格的にはおこなわれていない。そこで、ここでは李朝朝鮮の海禁体制と日本の「鎖国」体制を比較してみたい。

◈「鎖国」という言葉のない朝鮮

自国人の自由な海外往来の禁止と、政府による貿易管理という点では、徳川日本と李朝朝鮮は共通していた。しかし、この体制を「鎖国」という概念でとらえることは朝鮮ではおこなわれなかった。この違いはなにによるものだろうか。

周知のように、徳川期の日本は外国にたいしていっさいの関係をもたなかったわけではない。朝鮮との関係はたがいに独立した国家間の関係と意識されていたし、清国の存在とその動向は長崎や琉球

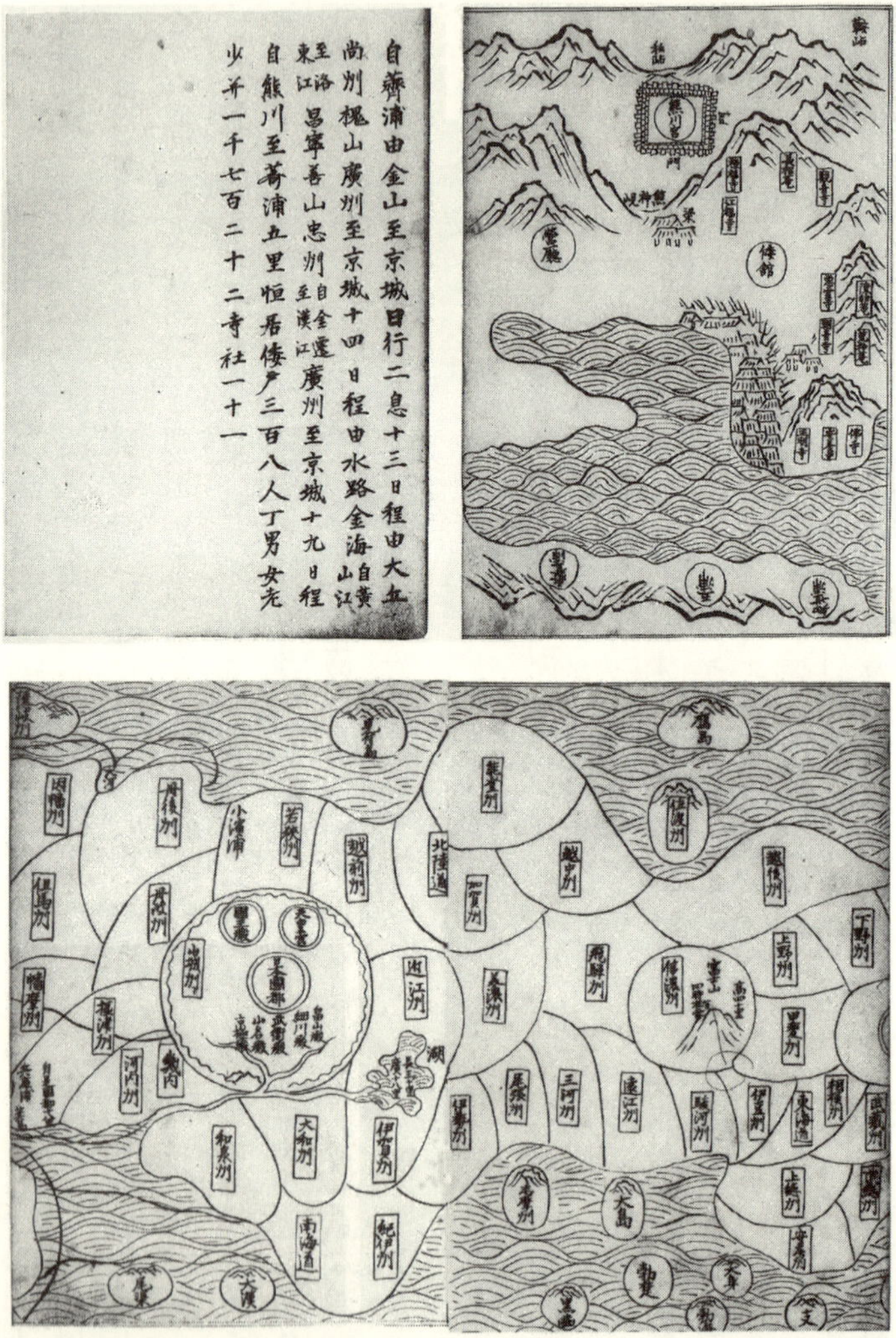

自薺浦由金山至京城日行二息十三日程由大丘
尚州槐山廣州至京城十四日程由水路金海自黄山江
至洛東江昌寧善山忠州自金遷至漢江廣州至京城十九日程
自熊川至薺浦五里恒居倭戸三百八人丁男女老
少并一千七百二十二寺社一十一

『海東諸国紀』　倭寇対策のため申叔舟が1471年に著わした書物。この図版は地図部分である。（内閣文庫蔵）

を通じてつねに意識されていた。したがって当初「鎖国」という意識がなかったことは当然であり、ロシアやイギリスが強大な武力を背景に通商をもとめるようになった一九世紀に、はじめて「鎖国」という意識が生まれてきたのである。いっぽう朝鮮においても、一九世紀に入るとロシアやイギリスの船がしきりに出没するようになるが、しかし日本のような「鎖国」意識は生まれなかった。

こうした両国の違いをもたらしたものは、当時東アジアに成立していた清国を中心とする華夷秩序における両国の位置の違いと、それに規定された両国の華夷意識の違いであったように思われる。朝鮮は李朝の成立以来、明にたいして臣属の礼をとっていたが、明清交代にさいしては明の正統性を認める態度をとったため、一七世紀に二度にわたる清の侵略を受け、その結果清にたいする臣属を強要されて、清を中心とする華夷秩序に組み込まれることになった。しかし清への臣属ののちも、清朝が満洲族の立てた王朝であり、朝鮮人は従来から満洲族を自分たちより低い地位にあるものと考えていたこともあって、朝鮮こそ明の中華の伝統を継ぐものとする、いわゆる小中華思想が根強く存在することになった。

ところで、この華夷秩序と、それをささえる中華思想というものは、基本的には文化的あるいは文明的な価値観による世界秩序の枠組みであった。すなわち中華文明の浸透度によって、世界が華から夷、さらには化外へと同心円状にひろがっている構造として理解されたのである。清にたいして武力的に屈服した朝鮮で小中華主義が成立したのも、華夷秩序が基本的に文化的なものと観念されていたゆえであった。このような朝鮮にとって、武力を背景に登場してきた欧米諸国にたいして国を鎖していることは当然のことであり、それは「鎖国」ではけっしてなかったのである。
これにたいして徳川期の日本は、形式的には清朝を中心とする華夷秩序からは独立していた。もちろん朝鮮や琉球を通じて、この華夷秩序に間接的に組み入れられていた面も否定できないが、清朝との外交関係はいっさい有さなかったわけである。このような状況のなかで、日本を清と対等な存在とみなし、朝鮮や琉球を一段低い地位にあるとする意識が生まれてくるのは、ある意味ではやむをえないことであった。こうした意識を日本型華夷意識とよぶことがあるが、日本型華夷意識は中華思想と違って、文化的な観念ではけっしてなかった。

なぜならば第一に、日本型華夷意識を生みだした現実的な基盤は華夷秩序からの離脱にあったのであり、文化的な価値の共有性を前提とした華夷秩序とは異質なものであった。日本が清国と対等の地位にあることの根拠として、対朝鮮外交の場で政治的に利用された天皇も、万世一系という特殊日本的な性格ゆえに尊いとされたのであり、国際的にはまったく通用しない論理をふりかざしたものであった。そして文化的な面では、東アジアに共通する文化の代表例である儒教にみられるように、清国や朝鮮にたいする後進意識を日本は払拭できなかったのである。

第二に、徳川日本の権力者である将軍の権力の源泉は、なによりもその武威にあった。文臣による統治を理想とする儒教を日本が全面的に受容できなかったのも、武家による統治という徳川日本の体制のためであった。幕末になって欧米諸国が通商をもとめてきたときも、日本ではまずそれは将軍の武威を脅かすものと意識され、欧米や日本にたいして軍事的敗北を喫しても、それがただちには王朝

国書楼船図（韓国国立中央博物館蔵）

体制の危機を生まなかった中国や朝鮮とは異なっていた。もちろんこうした違いのゆえに、日本では欧米の進出への対応がいちはやくなされたのにたいし、中国、朝鮮ではその対応が遅れることになったのであるが。

このように一七世紀から一九世紀の中葉まで、日本と朝鮮は海禁と貿易統制という共通の体制をもちながらも、「鎖国」という言葉の生成のプロセスが象徴するように、一九世紀以降は両国の相違性がしだいにあらわになっていった。しかし、この相違性ばかりに目を向けるのは一面的である。なぜならば、海禁と政府による貿易統制という共通した体制は、一四・一五世紀以来の東アジアの歴史的な大変動のなかで生みだされてきた社会的な産物であり、しかも日本の「鎖国」体制の成立には、朝鮮や中国からの技術輸入が決定的な意味をもっていたからである。

◈東アジアの生活革命と「鎖国」

つとに碩学内藤湖南が喝破したように、日本の歴史は一五世紀後半の応仁の乱あたりを境として、大きく前後の時期に分けることができる。今日までつづく日本人の衣食住等の基本的な生活様式のほとんどは、応仁の乱から近世初期にかけて形づくられてきたのである。麻から木綿への基本衣料の変化はその象徴的な例である。ところで、こうした日本人の生活様式の大変化＝生活革命は、けっして日本に特有なものではなく、東アジア世界に共通するものであった。

生活革命の淵源は宋代の中国であった。中国では宋代から明代にかけて農地の開墾が飛躍的に進むとともに、長江（揚子江）下流の江南地域で水田農業の集約化が発展し、この地域が経済の先進地として登場してきた。また、インド原産といわれる綿花も宋から元代にかけて栽培が普及し、綿布が主要衣料として用いられるようになった。陶磁器生産の発達や、紙製造、印刷術の発展による書籍出版の飛躍的な増大なども、旧来の生活のありかたを大きく変えるものであった。しかも、宋・元代を通じて中国と朝鮮・日本との往来もさかんであったため、こうした変化は中国内にとどまるものではなく、まず先には朝鮮に大きな影響をおよぼした。

朝鮮には、〝高麗葬〟という言葉がある。これは老人や病身の者を生きたまま墓に入れるという慣習をさす言葉である。高麗葬といわれるように、こうした慣習は高麗時代までおこなわれ、李朝に入ると影をひそめたが、この言葉は高麗から李朝に変わるとともに、民衆の生活が安定度を増してきたことを端的にしめしている。

民衆生活の安定に大きく寄与したのは、農業と医学の発展であった。農業の発展を象徴するのは農書の成立である。朝鮮では一四四三年に、『農事直説』という朝鮮独自の体系的な農書がはじめて著わされるが、この農書は宋・元の中国農書に記されている先進的な技術をとりいれながら、そこに朝鮮独自の技術を加味してなったものであった。医学においても中国漢方を体系的に摂取しつつ、中国では医師個人の秘伝とされた各薬材の配合比率を数量化した朝鮮漢方が李朝前期に発達した。その成果は一七世紀初めに出版された『東医宝鑑』に集大成されているが、この書は近世日本の漢方医学に大きな影響をあたえた。

綿花の朝鮮伝来は高麗末と伝えられるが、一五・一六世紀に綿花と綿布の生産は急速にひろまり、日本に大量に輸出された。綿布を木綿と表わし、モメンと読むのは、朝鮮語のモンミョンの南部地方言によるものである。綿布の対日輸出の最盛期は一五世紀の後半から一六世紀の前半にかけてであるが、とくに燕山君《ヨンサングン》の在位中（一四九四～一五〇五年）、李朝政府は積極的な貿易策をとり、公貿易を私貿易が圧倒するようになった。そして対中国貿易の決済手段として銀の生産が奨励されたが、一五〇三年に金甘仏《キムガムブル》と金倹同《キムゴムドン》という二人の人物によって鉛鉱石から銀を分離する方法が発明されて、銀の産出量が飛躍的に増大した。この分離法はやがて日本に伝えられて、一六世紀後半から一世紀間、日本は銀産出の最盛期を迎えることになるのである。

しかし、こうして一時盛業をきわめた対日貿易にたいして、李朝政府はしだいに統制を強めるようになる。そして、それは政界の勢力交代と結びついていた。燕山君時代を中心とした私貿易の担い手は、中央政府の高級官僚とそれに結びついたソウル在住の特権的商人層であったが、一六世紀の後半になると中央政界の主導権は、士林派とよばれる新たな勢力にとってかわられる。士林派は地方の農村に拠点をおいた地主勢力をその基盤としており、彼らは中央政界の腐敗を厳しく批判しながら主導権を握るにいたるのである。李朝における海禁と貿易統制が厳格なものになっていくのは、士林派による政権掌握と軌を一にしているが、それはまた李朝初期以来の生活革命が一段落を告げ、新たな生活様式が定着する段階とも照応するものであった。

しかし、中国に端を発する生活革命の波及が遅れた日本では、中国・朝鮮からの文化・技術・物資の輸入はなお死活的な課題であり、貿易統制を強める明朝・李朝にたいする倭寇があとを絶たなかったのもそこに理由があった。豊臣秀吉による朝鮮侵略が最大にして最後の倭寇と朝鮮側に意識されたのも同様の理由からであり、このとき大量の朝鮮人陶工、印刷工が日本に連れ去られたことが象徴するように、この侵略はすぐれて技術略奪でもあったのである。

近世日本の「鎖国」は、以上みたような東アジアの大変動の最終段階に位置している。朝鮮においてそうであったように、日本の「鎖国」も、生活革命をもたらしたさまざまな新技術の国内定着が見通されるなかで、はじめて長期的な体制として成立したのである。東アジア世界における日本の「鎖国」の位置づけを考えることは、対欧米関係に視野を限定した「鎖国」論を反省するための、ひとつの有効な方法であると私は考える。

第八章　近世文化としての異国使節
——他者と日本のアイデンティティ

ロナルド・トビ

「常識」というものは、無意識のうちにまわりを見る眼であり、物事を判断するためのある文化、または民族に共通する一種の「世界観」を意味する。身近な話を例にとると、私が日本のデパートへいき、服をもとめると、「LLコーナーは、三階にお上がりになって、突き当たって左にございます」というようなことをよくいわれる。LLを着たら服に溺れてしまう身長と体格で、格別に大きいわけでもないのに、なぜそういうふうにいわれるのか不思議に思ってきた。だが考えてみれば、「外人は大きい」という日本の常識が優先して、目に入ってくるデータを形づけてしまっているのだ。そして「外人が大きい」という他者の見方は、「日本人が小柄」だという自己認識の前提になる「常識」である。

こうした「他者」を見て、その他者と対照的に「自己」を認識するプロセスは、いうまでもなく、日本固有の特徴ではない。いや、むしろ古今東西の民族・国民などの人間集団に共通するところではないかと思われる。

同じように、江戸時代に来日した、いわゆる朝鮮通信使や琉球使節（あわせて、当時は俗に「唐人」ともよばれた）という、盛大な外交使節団も、実際に日本にきたにもかかわらず、その当時の庶民の「常識」を通して「他者」として再構築され、日本文化に消化されてきたのだ。

◆常識形成のきっかけのひとつ、「朝鮮通信使・琉球使節」の来日

異国からの外交使節は、江戸幕府が成立してまもなく来日しはじめ、朝鮮からは一六〇七年が初回、一八一一年が最後で、十二回も来日した。日・朝両国の宜しみを結んだこの外交使節団は、双方にとってきわめて重要な政治・文化的な役割を果たしたことが、最近の研究で明らかにされてきた。琉球王国からの使節（一六一〇年から計十八回も来日）とならんで幕府の正当性を確立し、持続させた役割も大きく、また朝鮮・琉球貿易という経済交流、海外からの情報収集を可能にする前提でもあった。(1)

ただ、外国そのものを見る機会はおろか、自分の目で異国人を見るチャンスが少ない江戸時代の人にとって、異様な服装やヘアスタイルをした、数百人からなる異国人使節を見ることは、自国をとりかこむ世界のいかんを常識化する、一生に一回きりのチャンスでもあった。一七世紀に七回も来日した朝鮮通信使は、一八世紀にはたった四回に減っただけに、二回も観る機会をもった人はきわめて少

なかった。その二回も見た一人であった上田秋成（一七四八年、六四年）は、「唐人を二度見た事をとし忘れ」と、自慢げに思い、自分を上回り「朝鮮人を三度見たより咄しのない男」の話を聞くのを嫌がったという［『上田秋成』、二八九頁］[2]。

朝鮮・琉球、両国の使節が、大行列を組んで瀬戸内海・淀川・中山道・美濃路・東海道を進み、主だった都市を通り、通過する場所ごとに近在隣国からの見物人が何万人となく駆けつけてきたことは、同時代人の「異国情緒欲」ともいうべきものを物語っているといえよう。

これらの外国使節が来日のたびごとに、「百万の観光（者）は、（淀川の）両岸に蟻のように聚ま」り、観光者は「大坂近辺はいうにおよばず、近国近在より見物にでる老若・男女、僧尼のやからまで夥しく群集」し、観る日本人も観られる朝鮮や琉球人もそのありさまに感心したようだ[3]。朝鮮通信使・琉球使節の「唐人」は、さきにふれたＬＬコーナーへ案内される「外人」のように、ただたんに外から内へ入ってきた通りすがりの他者にすぎないとはいえないであろう。服装や髪型・言語や行動、食生活までも「われわれ」と、極端に異なってみえる彼らは、そのことによって不可避的、必然的に日本および日本人、日本文化、つまり「日本とはなにか」というアイデンティティを、相対化・問題化する存在とならざるをえなかった。

それゆえか、朝鮮通信使を見て「とし忘れ」の捨て咄しで満足し、つぎの唐人の来日まではそれを考えないといったことはけっしてなかった。むしろ逆に来日する唐人を待たずして、来日したかのようにみえる唐人を、日本文化の産物の「唐人」として、江戸時代のかなり早い時期から各種のパフォーマンスを通じてつくるようになった。とりわけ都市型の祭礼に、「唐人の学び」、「朝鮮人行列」などと称して、日本各地にあらわれた。また、「唐人服」を扮して、曲芸を演じたり、「唐人飴」や「耳の垢取り」など、異国めいた業種の行商も、とくに一八世紀から全国にひろがりはじめた。

◈想像のなかで描かれた「唐人」たち

「唐人の学び」がいつごろから始まったのかは知るすべもないが、はやくは中世の風流として祇園祭礼などにもあったようだ。近世では、一六〇四年に京都でおこなわれた秀吉の、また一六二二年に和歌山などの各地の東照宮での徳川家康の、それぞれ七回忌の祭りに「唐人」の仮装行列・踊りが演じられたことが、当時の日記や次第書からうかがうことができる(4)。ただし、それぞれの祭礼の様子をビジュアルに伝える絵画史料をみると、描かれている「唐人」の服装などが、朝鮮人を思わせる服装ではなく、「南蛮」スタイルであることは一目瞭然である。『豊国祭礼図屏風』でみられる南蛮姿の数々は教科書では有名だが、家康の七回忌を描く『和歌山東照宮縁起絵巻』の「唐人」や、くだって寛永(一六四〇年ごろ)の『津八幡祭礼行列絵巻』にも、まぎれもない「南蛮人」が描かれている(5)。とくに後者では、「唐人」たちがかぶっている派手な赤毛(紅毛か)のかつらや担いでいる火縄銃(種子島銃)が描かれているので、「南蛮」であることは否定できない。

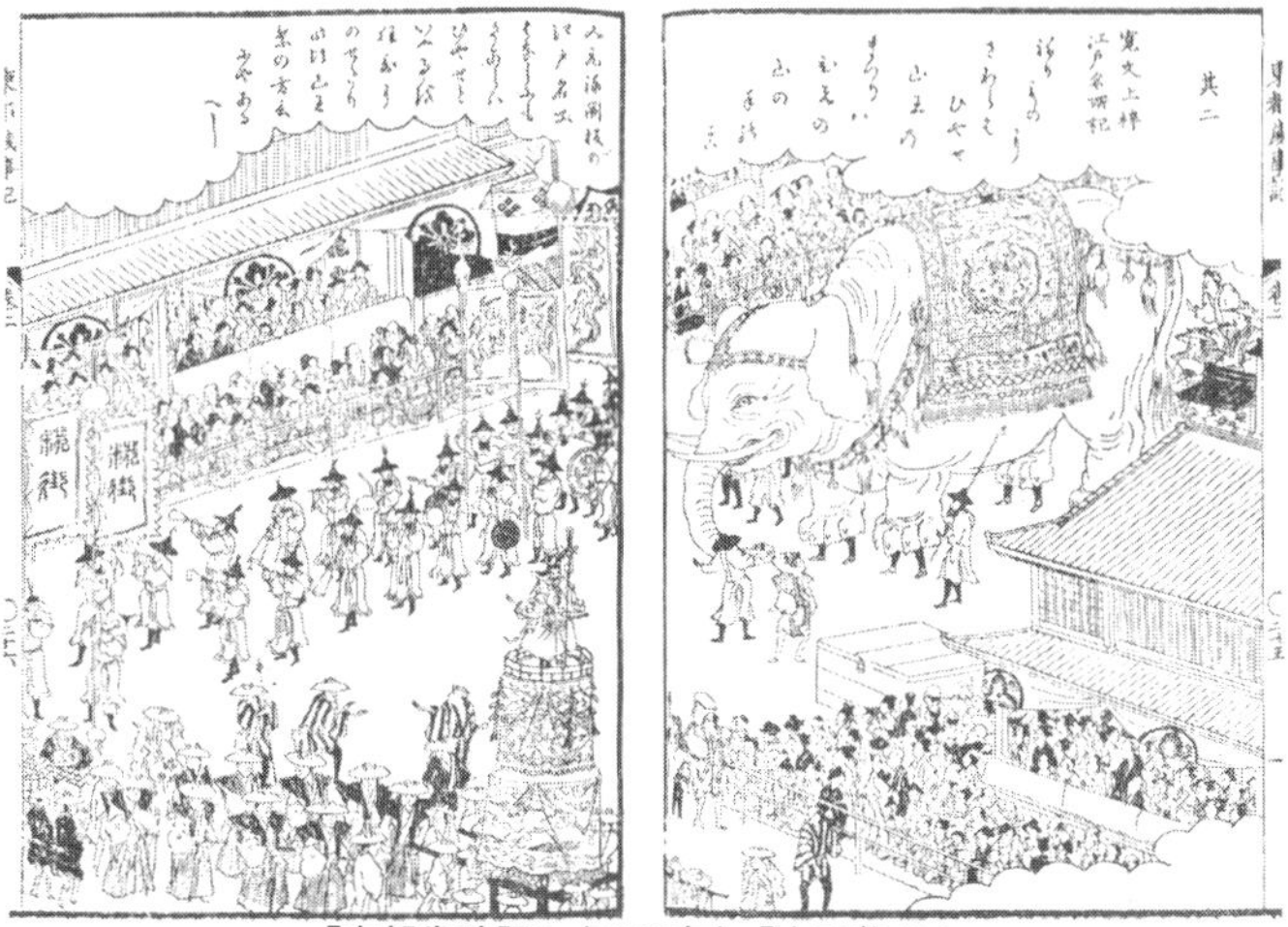

『東都歳時記』（1838年）「山王祭り」
江戸っ子たちが、帽子、つけ髭などで仮装して「朝鮮人」を演じる。

この津八幡の祭礼は、この関係として特筆すべきだと思う。というのは「唐人」＝「南蛮人」を演出したご用商人町の分部町は、のちになって年々の祭礼に「唐人踊り」や「朝鮮人行列」の学びを演じるようになったからだ（現在も分部町の「唐人踊り」や「朝鮮人行列」は、津祭りの目玉のひとつである）。そしてまた、「朝鮮」や「琉球」などを扮した「唐人行列」は、いつのまにか、天下祭と呼ばれるようになった江戸の山王・神田明神の祭礼行列に欠かすことのできない附け祭り練物のひとつとなり、徐々に各地の祭礼にひろがりはじめた。朝鮮通信使がかならず通過する美濃路の大垣では、竹島町がかなり早くから「朝鮮人」の学びをとりいれるようになった例もあるが、「朝鮮人」、「唐人」、または「竜宮・琉球」行列という、「唐人」の学び（異邦人を粧った日本人の芸能）が、常陸國土浦など、直接関係のない地域の「祭り」の基本要素のひとつとなった。

南蛮姿の「唐人」が、なぜ朝鮮人姿の「唐人」に変貌したか、ということはさだかではない。だが、ちょうどそのころ、キリシタン禁圧政策の一環として、幕府がポルトガルなどのキリシタン諸国と縁を断ち、国内のそれまで流行っていた南蛮文化を弾圧する勢いのなかにあった。ゆえに祭りの南蛮人を演じることは、「唐人」と称してでも、危険な行為になったのではないかと思う。南蛮人そのものは危険だったが、「唐人」はそうではなかった。

そこで、外からくる、本当の朝鮮人や琉球人を待たず、日本人が想像する「唐人」を祭りまたは絵画、創作文学、落語などで、日本文化として作為的につくることになったのである。日本人がイメージし、自分の文化として創りあげた「唐人」は、日本人の想像で自己と対照的な特徴をもって彩られ描かれたのだ。これは、広義の「唐人」の風俗をはじめとして、身体の特徴までを、偽「朝鮮人」や偽「琉球人」にあてはめることによって、日本文化の特徴（厳密にいえば、特徴と思われていたもの）を表わして、日本の特異性、日本人（自己）と唐人（他者）との相違を浮き彫りにするものであった。

◈「他者」を表わす記号となった服装

数年前に、ソウルで韓国服装史の大家、金東旭氏とお会いしたさい、日本の朝鮮通信使行列図巻類に描かれている「朝鮮人」の服装表現は、まるで正確さを欠いており、朝鮮時代の服装を正しく、つまり写実的に描いたものではない、とのご指摘を受けた。しかし、絵画表現も祭礼扮装も、かならずしもそれを正しく描こうとしたわけではなかろう。冒頭でふれたＬＬの話のように、想像上の他者は、他者そのものと自己認識とが大きく違っていてもおかしくはない。各地の祭りや行商の「唐人や朝鮮人」の服装をみると、ほとんどのものが、当時の朝鮮通信使や琉球使節の服装そのものではなく、日本文化が想像により、絵画やパフォーマンスの伝統でつくってきた「唐人服」というひとつのパターンにそっている。その「唐人服」の基本的な特徴は衿、肩、袖口、裾などに（襞飾り《フリル》）を「唐人」＝「異人」・「他者」を意味する記号として付けるのが、ほぼ全国で一貫してみられる。江戸時代の、こうした「唐人服」は、大垣市竹島町にいまでもその例が存在している(6)。

また、現在の津祭りの唐人踊り・朝鮮人行列、岡山県牛窓町の紺浦の唐人踊りなどに襞飾りつきの「唐人服」が伝わっており、祭りの多くの仮装芸能のなかで、異国情緒めいた「他者」のパフォーマンスを特徴づけている。年輩の方なら「シナそば」売りのチャルメラの音も思いだされるであろうが、それもこの「日本文化としての唐人」の記号のひとつであった。

服装、被りもの、履き物なども、民族を特徴づけるものである。それも日本文化の「朝鮮人・唐人」では、現実以上に常識の「日本人」と大きく異なって描かれるようになった。日本は、中世を通じて烏帽子《えぼし》など服装の細かな違いで、身分や職業を目で見える記号として表わしており、僧侶などを除いての成人男子が、常時帽子をかぶっていた。それゆえか中世は、「男はあれども烏帽子き」ない人種は、ただちに「わが国の人々ではない」というのが「常識」だった[7]。

しかし、近世になると、神職、公家、そして登城の儀式のさいの高級武士など、特定な官職を除いて日本人は烏帽子をかぶらなくなり、頭をむき出しにするのが、月代を剃る習慣の普遍化と表裏一体の現象としてひろがり、日本の風俗となったのである。それゆえか、祭りや絵画の「朝鮮人・唐人」を「他者」という記号で描くとき、中世の「烏帽了（を）き」ない異人とは逆に「帽子をかぶる朝鮮人・唐人」となった。それをもって、新しい日本風俗を、他者との対照を通じて常識化させる方向へもっていくことになったのである（実際に来日した本物の朝鮮人は、ごく少数の「小童《ソードン》」を除いては各々身分などを表わす帽子をかぶっていたが、絵画、祭りなどの日本文化としては「他者」を意味するものだった）。

◆社会の掟が描写の変革をもたらす

だが他者としての「唐人」は、服装だけが違って、それ以外は吾人と同じだというわけではなかった。なぜなら、身体そのものも、ひとつの大きな記号のかたまりとして人のアイデンティティを表わすからだ。それを反映して、他者を想像する者が、その身体をいかにイメージし表現するかも、自己との相違に重点をおきながらそのイメージを考え、描き、演じるのである。身体も、文化の創りものなのである。

そして（男性の）日本人の身体は、さきでみてきた烏帽子の習慣とあいまって、中世から近世への変遷のひとつとして大きく変わり、その変わり方とはうらはらに、他者としての「唐人（朝鮮・琉球人）」の表現も変わったのである。豊臣秀吉や徳川家康の肖像画

東照社縁起絵巻（1640年）
髭の日本人に対して、あったはずの朝鮮人の髭をほとんど描かない。（日光東照宮宝物館蔵）

朝鮮人の髭が強調される。（シカゴ美術館蔵）

に代表されるように、江戸初期までは髭面の男子はふつうだった。だが、一七世紀半ばをすぎると、奴髭が抑えられてほぼ一貫して素顔になり、月代を剃ることも一般的になり、「唐人」の帽子とあいまって、髪・髭が強調されるようになってくるのである。髭とヘアスタイルが日本人のアイデンティティにかかわることを意味した有名な例は、『国姓爺合戦』千里の竹林の段、和唐内が唐人を下して家来にする場面で、「我が家来にするからは、日本流に月代そって元服させ……瞬く間に剃りしまひ二櫛半のはらけ髪、頭は日本、髭は韃靼、身は唐人」といって、ヘアスタイルや髭を日本人・異人の見分けのきざしにしていた。

　江戸のはじめに来日した朝鮮・琉球の使節の行列を描いた最初の絵画作品がいつ作られたかは定かではないが、一六三六年の朝鮮通信使が日光へ参詣する行列を描いている『東照宮縁起絵巻』（狩野探幽筆）は、かなり早い例なのだ。そこでは、見物する日本人の男性が髭面なのにたいし、風習からして髭があったはずの朝鮮人は髭が強調されておらず、場合によって髭がまったくない「朝鮮人」が描かれている。また、明暦ごろ（一六五五～五八年）

菱川師宣「朝鮮使節行列」（1682年）　日本人の顔から髭が消え、

の『朝鮮通信使歓待図屏風』も素顔の「朝鮮人」が多く、そして髭面の日本人も何人か描かれている。つまり、「髭」の有無は、自己と他者を区別する記号としてまだ定着していなかった。[8]

　しかし、時代がくだって日本人の顔から名実ともに髭が剃り落とされると、描かれる「朝鮮人」の髭が濃くなり、日本人の顔・身体との対照を浮き彫りにしていった。帽子の被否と同じく、日本人の髪や髭の風俗も近世初期から大きく変わり、歴代の天皇、将軍、武将の肖像画にもみられるとおり、中世・戦国期までは髭面はふつうだった。だが、一七世紀半ばごろから、「奴」統制策と表裏一体に髭が日本人の顔から消え去り、きれいに剃った素顔が日本の「常識」となる。

　すると、日本人が絵画・祭礼パフォーマンスでイメージする通信使「朝鮮人」も、髭やヘアスタイルが強調されるようになる。一六八二年に描かれた菱川師宣の作品や、一七一一年、鳥居清信の「朝鮮使節行列」など以後、日本人の髭が徐々に絵画から消え去り、朝鮮人の髭やヘアスタイルが強調され、日本人との相違が大きく表現されるようになった。もっとも極端なのは、石川豊信

「朝鮮通信使人物図」(1811年)
朝鮮人の毛（髭や眉）をリアル以上に濃く描き、日本人との極端な隔たりを暗示。(東京国立博物館蔵)

画『煙管の朝鮮人』（仮称）では、顔の髭のほかに、手の甲にも毛が濃く生えているように描かれている。時代がくだって、「素顔の日本人」対「髭面の異邦人」というのがますます常識化していくにつれてこうした描き方がしだいにひろがり、一八一一（文化八）年の『朝鮮通信使人物図』では、正使金履喬・副使李勉求などが、毛氈ほど濃い髭や眉毛、場合に耳に生える毛（！）を幻想的に描く例すらあらわれるのだ。「日本人は素顔・異邦人は髭面」という見方が「常識」化するにつれて、祭礼学びの「唐人」もそれに引きずられ、たとえば『東都歳時記』（一八三八年）の「山王祭り」でみられる仮装「朝鮮人」の日本人は目立った付け髭を面につけて変身し、日本人と異国、日本人と異人の違いを目で確かめるかたちで表わしているのである。[9]

◈日本文化の産物としての「朝鮮通信使」・「琉球使節」

こうして、朝鮮・琉球などの異邦人の身体やしぐさ、そして服装も、被りものから履き物にいたるまでのあらゆる様式の、日本人の目についたり、想像したりした特徴を、日本文化の産物としてつくりなおした。それは日本人のユニーク性を表わす（創りだす）対照的存在として再構築された、といってもよいのではないだろうか。

異国からきた朝鮮通信使や琉球使節は、日本との外交・文化交流の面で大きく活躍したが、それ以上に、日本文化としての、日本産の「朝鮮人」や「琉球人」は、日本、そして日本人のアイデンティティ形成に大きな影響をおよぼした。

そして「日本人」とは何かという「常識」を形成すると同時に、「非日本人」とはなにかという「常識」の形成と不可分に関連している。これは、近世の日本にかぎらず、現代の在日朝鮮人や韓国人、また沖縄県人にたいする差別問題、およびいわゆる外国人労働者問題などをいかに考えるか、ということの参考材料にもなるのではないだろうか。

注記

(1) 朝鮮通信使について、最近すぐれた啓蒙、研究書が多く出版されている。代表的なもの数点を巻末の参考文献リストにあげておくので、参照されたい。

(2) 秋成がこういったのは一七六四年だったので、「三度見た」という老人は、四六年も前の一七一九年度の朝鮮通信使を覚えていることになる。

(3) 一六八二年来日の朝鮮通信使随員、観られる洪禹載の日記『東槎録』(一七六四年)の通信使を観る『宝暦物語』の無名の著者。

(4) 中世の祇園会は、『看聞御記』、応永二十三(一四一六)年八月二十三日条。豊国祭礼は、『義演准后日記』、慶長九(一六〇四)年八月十五日条。和歌山は、『和歌東照宮御祭礼之次第書』、元和八(一六二二)年卯月十七日[『大日本史料』第十二編之五一所収]。

(5) 津の『祭礼絵巻』はニューヨーク市立図書館蔵。『勢陽雑記』では寛永のころの分部町の学びを「唐人行列」という。

(6) 異人を意味する記号としてのフリルは、そもそも「中国からみた異人」の中央アジア人や(天竺)インド人の記号として、中国の仏教図像学の一員として日本に伝わったが、はやくも平安中期の『聖徳太子絵伝』や『吉備大臣入唐絵巻』などに、新羅・百済・唐の人——日本からみた「異人」——をさす記号として転用され、それ以来ひとつの表現パターンとして定着。

(7) 幸若歌謡『硫黄ヶ嶋の内』、村井[一九八八]四四頁を参照。トビ・黒田[一九九四]では、フリルの記号性を簡単に説明した。

(8) 狩野探幽筆、日光東照宮蔵、第三巻、寛永十六(一六四〇)年。この段に描かれる日本人は、じつは「中世スタイル」ともいうべき烏帽子姿が多く、「近世風」といえる日本人の姿がひとつも描かれていない。寛永十〜十一年の作と最近判明された『江戸図屏風』（国立歴史民族博物館蔵）や、明暦ごろ（一六五五〜五七年）の狩野益信筆『朝鮮通信使歓待図』も、朝鮮通信使行列を描いている。両者は、描かれている日本人は、「近世風」ではあるが、髭面の日本人や素顔の朝鮮人を描いている。『江戸図屏風』の年代判定について、黒田［一九九三］第二章を参照。それも時代がくだって、素顔の日本人にたいし、髭を強調した朝鮮人を描いた作例は、一六八二年の菱川師宣画『朝鮮人行列』（シカゴ美術館蔵）など。

（９）　師宣・清信の絵はシカゴ美術館、豊信は大英博物館蔵。『朝鮮通信使人物図巻』（文化八年）は東京国立博物館蔵。斉藤［一九五七〜七二］第二巻、一一〇〜一一一頁。

第九章　唐人網と鎖国

斯波　義信

平成日本のただならぬ外圧のもと、安政の開港やそれに先だつ鎖国の意味が問われている。この開国も鎖国も、海外をにらんでの国ぐるみの選択という点ではいまも同じである。しかし当時の判断のポイントは、日本にとっての国づくりとか国益に、より傾いていただろう。いまの世界は情報化、国際化、地球化に向けて進んでいる。外と内を結ぶ関係は昔とは違うし、外から内、内から外に向かう目配りのバランス、その有機性の問題もいまはいっそう切実だ。さて鎖国日本はいわゆる唐人やオランダ人、朝鮮人や琉球人という情報のパイプの管から世界をみていた。この唐人という名の海外に住む中国人は、清仏天津条約（一八五八年）あたりから名を華僑(1)と改めることになる。この華僑たちの世界に、かつての鎖国日本がどうかかわってきたかが以下のあらすじである。

◈海がつないだ世界

世界の一体化を各地域、国、地方ごとの相互依存の深まりと考えよう。そして鳥に姿を変えて、一六～一八世紀のアフロ・ユーラシアの上空を飛んで地表をながめてみよう。まだ地域、国、地方ごとに自然の恵みや技術のよしあし、人や物の流れをめぐる規制の違い、通貨市場の弾性のよしあし、伝統文化の違いなどで、地表が織りなす布地のパターンをみると、タテ糸すなわち国ごとの歴史の流れ、が織りなすモザイク模様が目立つ。だがタテ糸をつなぐヨコ糸に沿って、新大陸の銀や作物の周流、イエズス会士の宣教、コーヒー・ココア・茶の流布、国際商船の周航などの相互関係の模様の柄が目にとまる。

もっと目を凝らせば、横並びの大状況としての人口の成長、中都市や商人の台頭、宗教活動の復活、農村の動揺、遊牧民の凋落がみてとれる。「世界経済」が地表に胚胎し、「初期近代」(2)のきざしがみえる。新しいヨコ関係のつなぎ役は海洋の活用である。海がつなぐ世界の物流は東高西低、その磁場は、アジア海域の貿易圏、その動きの磁場は、なんと臨海部の中国であった。地理上の発見や大航海時代とは、公平にいえば西洋が新参者としてアジア内貿易圏に参入したことにほかならない。

◈アジア内通商と日本

下図にしめすように中国の先進地は東岸沿いの臨海ベルトにあり、いまの「経済開放区域(3)」にあたる。広東省一帯はやや遅れて一六世紀からこれに組み込まれたのだが、資源や人口に恵まれ、効率のよい内外の水運でサービスされているこのベルトの経済の優位は、宋代（九六〇～一二七九年）に、江南デルタと福建を核として不動となり、同時に造船、航法など海運がのびたため、アジアの商戦でライバルのイスラム、東南アジアの勢力を圧倒した。

南海の集散港を一巡する大型の中国ジャンクは、三〇〇～五〇〇トン、一隻に二〇〇～五〇〇人が乗り、一航海は十年かかったから、港々に唐人町

清代中国の先進・中進・後進地域

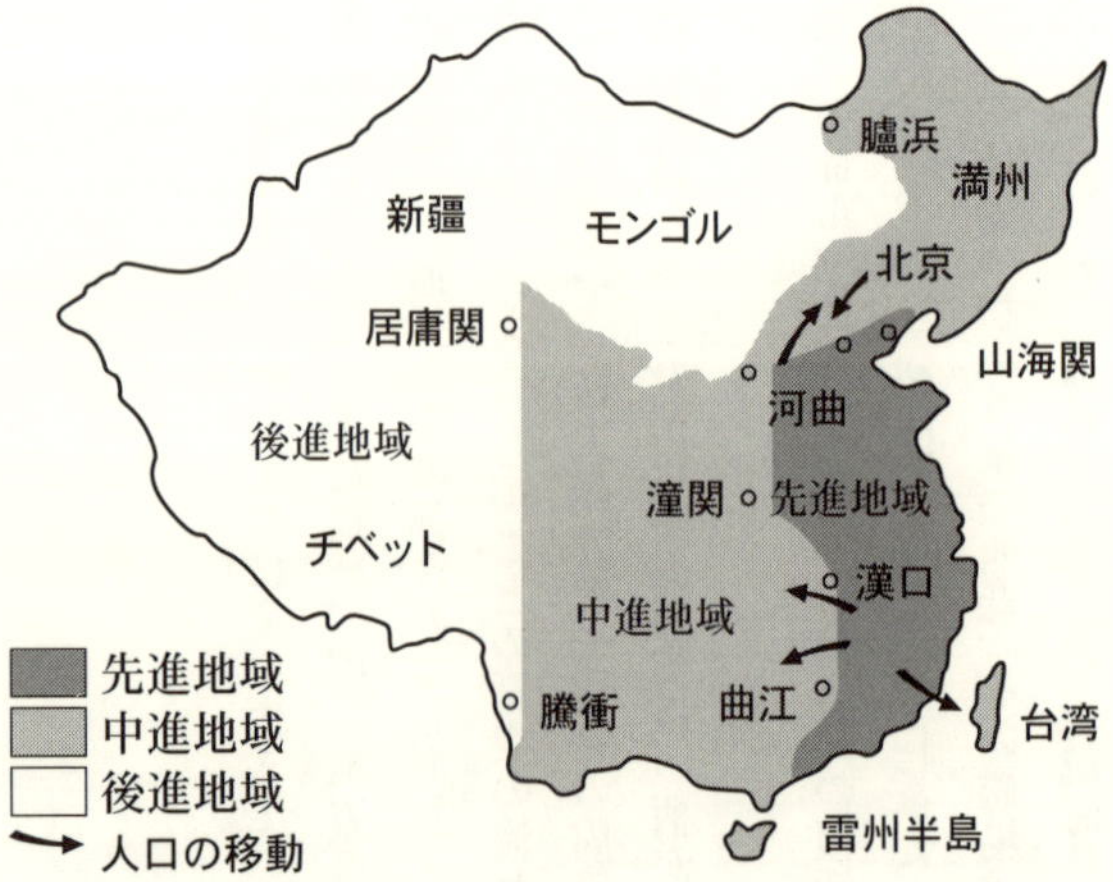

ができた。一三世紀から、泉州を起点に西はインド洋、東はジャワ、フィリピンにいたる水域の各要港につき、航海や商業や地理風俗を詳しく書いた案内書がつぎつぎに出版された。

元寇や鄭和の遠征のかげには、数千隻の中国海軍や、これをはるか上回る商船の隊伍がひかえていた。

一六世紀まで唐船の運ぶ唐貨は生糸、絹、陶磁、銅銭、銅器、漆器、日用鉄器、穀物など、持ち帰る蕃貨《ばんか》は、香料、香辛料、染料、薬、木材、硫黄、インド更紗などである。中国が繊維、染色、冶金、陶芸でハイテクを独占していた時期は一八世紀までつづき、一七世紀から唐貨の主役となった茶や砂糖、綿糸綿布でもそうである。九十六種にのぼった唐貨には最良の江南産品だけでなく、福建や広東でそれをコピーした生糸や絹や陶磁、福建の砂糖、広東の鉄製品がふくまれていた。

日中間の物流をふりかえると、遣唐使船のそれは技術輸入期にありがちな片貿易であった。鎌倉初期には日本製の深海船が年に四十～五十隻、木材や硫黄を運んで銅銭を持ち帰るようになり、鎌倉末期には中国ジャンク一隻で三万点のブランド陶磁、二十八トンの銅銭（そしてたぶん絹や香料）を満載して日本に向かった確証がある。室町期にも日本側の原料輸出、製品輸入の構図は同じだが、一六世紀から日明の密輸船による日本銀の輸出が激増し、「銀の島日本」の風評がアムステルダムにさえ届いた。当然に唐貨の日本への流入も増え、そのいっぽうでアジア内で突出してくる日中貿易が、ポルトガル、オランダの目をひくところとなった。

一六世紀の中国が銀高、銀欠なことは日本も西洋も知っていた。一八世紀半ばから雲南の銅山銀山がフル稼働するまで、国内産の銀はつねにとぼしく、正貨の銅銭の原料さえ底をつきかけていた。一五世紀から上昇中の国内商業はすでにピンチに立っていた。これを癒したものは日本銀の密輸、スペイン銀の流入、最後に雲南の開鉱であったが、明の外交姿勢と経済の実態はチグハグでまとまりを欠いていた。

◈海禁へのチャレンジ

よく海禁は鎖国と同じとされ、また朝貢制や中華主義のシステムのあらわれとされるが、もっと説明が必要だ。旧中国の守備型の外交姿勢に、世界を不平等にランクづける中華観がひそむことはあらそえない。しかしそれを徹底させ、外国人嫌いを露骨にして運営するかどうかは王朝のポリシーしだいである。軍事大国の唐は仏教をはじめ他文化、異邦人に寛大であった。在外中国人を唐人とよびつづけたゆえんである。海禁はいまの法務省の入国管理令にあたるもので、貴金属、正貨、武器、機密の洩れを防ぎ、禁制の品や思想を水ぎわでチェックする政策である。海上商業にメリットをみた南宋（一一二七〜一二七九年）と元（一二七一〜一三六八年）では、この海禁は有名無実に運用された。かたや洪武帝の外流れは明（一三六八〜一六四四年）と清（一六一六〜一九一二年）で変わった。

国人嫌い、かたや加速する周辺の対中貿易の熱望、それにまつわる中国からの貴金属や銅銭の流出が振り子の向きをかえた。さらに、政策という振り子と経済という振り子は別々に揺れはじめた。永楽《えいらく》帝《てい》の北京遷都、海上遠征の中止、雍正帝《ようぜいてい》のキリシタン禁制、乾隆帝《けんりゅうてい》の北辺征圧への熱意、これらは内陸帝国に回帰していく振り子の揺れであり、にもかかわらず歩調を止めない臨海ベルト経済のうちつづく成長の揺れがある。一五六七年までつづいた海禁のもと、江南デルタへの異邦人のアクセスは厳しく監視されたが、なにせ中国は広い。江南の目ぼしい産業は福建、広東にひろがり、精鋭な華僑は海禁を承知のうえでこの両省から外洋に乗りだし、両省のインテリもそれを支援していた。

唐貨へのあくなき需要を背にし、アジア最大の産銀の輸出能力という決め玉をもっていた日本は、勘合符による朝貢貿易に満足せず、航海を南にのばしてポルトガル人や中国の海民・海商がオルグする密輸団にくわわった。後期倭寇が南方海上を策源地としたのはこのためである。一五六七年に海禁がゆるんでも、日本はその恩恵からはずされた。平戸、そして長崎に進出したポルトガル、オランダは、アジアでもっとも儲かる日中貿易の中継に乗りだした。織田氏、豊臣氏の時代、家康の朱印船時代、鄭成功の海上王国期は、南蛮貿易(4)のスリルに満ちた上昇期である。

マカオ、マラッカ、バタヴィア、そしてマニラ、アユタヤ、台南は、グローバルにモノや情報が集散した点ではいまの香港、シンガポールにくらべられる。西洋の大型帆船の割りこみ、おたがいの妨害合戦もはげしくなるが、アジアでの貿易の成功も、港市の設営や補給も、殖産開発も、華僑や華人労働者ぬきでは望めなかった。東南アジアの港市で数千、数万人サイズの華僑町が林立するなかで、

『天工開物』（1637年）
中国で刊行された技術書。文中にもあるように、中国人たちが技術系に長けている様子がうかがえる。農業をはじめ、18部門の産業技術について説明。図版は、金・銀・銅などの鉱物に関する技術である。（内閣文庫蔵）

中国の対外史略年表（14〜19世紀）

1368	明、建国
1402〜24	成祖永楽帝鄭和南海遠征
1517	ポルトガル人、広東入港
1557	ポルトガル人、マカオ居住許可
1616	清、建国
1659	雲南攻略
1683	台湾領有
1684	海禁解く
1685	外国貿易海関設置
1722〜35	地丁銀制はじまる
1746	漢人、山海関出境禁止
1757	西洋貿易、広東港に限定（貿易制限令）
1784	米船、広東港来航
1789	ビルマ服属
1811	ヨーロッパ人の居住と布教禁止
1836	英国商人のアヘン没収、英船広東入港禁止
1840	アヘン戦争
1884	清仏戦争
1885	天津条約

出所：筆者作成

数十、数百人単位の日本人町が生まれた。われわれの祖先がこうして時の世界貿易の東の核心地帯に迫っていたとき、「管理貿易への傾斜」という新たな運命の糸が待ちうけていた。

◈広東システムと鎖国

明一代の外交は「北虜」と「南倭」への対策で明け暮れ、両作戦ともに戦果はかんばしくなかった。だが社会経済面では着実な成長があり、先進技術をおびた移民を送りこめる内地の過疎な辺地は、まだだいぶのこっていた。「地大物博」の威信や安心感が中央の大官たちに共有され、これが「北虜」にたいしては兵站体制の洗練、「南倭」にたいしてはザル法同然の海禁、そして自信の表明としてのイエズス会士の厚遇、のかたちであらわれた。

清の支配者の満州族は、すばやく漢化をとげて社会や文化の連続性を保障した。税収の目標額が一七五〇年に前王朝の明の最高額になった時点で、それをシーリングとして固定した。人口は増えつづけ、慢性インフレもつづいたので、課税の圧力はゆるみ、安心感、自信がよみがえった。だが伝統体制の連続というメリットは、保守と硬直というデメリットで相殺されていく。

旧中国の技術体系は一〇世紀前後に抜本改善をへたのち、広い中国を先進地から後進地へと螺線状に流れるだけだった。福建華僑がマニラからもたらした新大陸作物にしても、山地や旱燥地への入植を助けたのみで、いまや日本の面積で平均で五反から十反の百姓がほとんどという土地不足には焼石に水であった。「南倭」に悩まされたのは在来のハイテクのおつりだが、交通がはげしくなればかつてのハイテクも世界に流布して共有されて「ただの知識」になる。

台湾の平定で統一をみた清は、一六八四年に貿易の統制をゆるくし、長崎にくる唐船は一六八一年の九隻から八五年の八五隻、八六年の一〇二隻へと急増し、しばらくは中国側で渡日をおさえる動きはなかった。この間に日本側の対応は変わっていた。一六三〇年代から産量が減ったメキシコ銀のあとを追って、日本の産銀も四〇年代から激減した。一五八七年、秀吉のキリシタン禁制では、布教と黒船貿易は別々とされたが、一六三七〜三八年の島原の乱のあと、すでに一六三三年から強められていた鎖国が、ポルトガル人の追放ののち三九年に完備した。

管理貿易に転じた幕府は、一六七二年に「市法貨物商法」を布告して輸入品の価格と唐商の活動に制限をかけ、八四年には唐船の激増を見越して「貞享《じょうぎょう》令」をだし、日本銅の輸出能力に見合う輸入高を設け、金銀の流出に歯止めをかけ、やがて唐人を「唐人屋敷」に住まわせ、船数もかぎり、一七一五年の「正徳新令」で、輸出の銅が不足するときは海産物で代替させた。

清でもいったん広東、福建、浙江、江南の四海関（税関）を開くが、一七一七年に広東とアモイの二港に西洋との貿易を制限し、一五五七年から一八四三年まで広東一港に独占させる広東システム時代に入った。キリスト教の宣教も一七二四～一八四六年にかけて禁止された。

◆日本と中国

鎖国に入った日本は、冶金でも織物でも中国のハイテクを消化し、めぼしい唐貨や輸入作物を自前でつくった。また、このスタンスは開国以後の西洋ハイテクの消化、旧輸入品の国産輸出にも通じている。「殖産興業」という言葉は、江戸・明治・大正日本のモットーであったといっていいだろう。ここで思いあわされるのは、鎖国期から今日まで商売相手の唐人、広東、福建両省人の生活気質である。

両省は海に面して山を負い、海を田んぼとし、海商とか船員を天賦の生業《なりわい》としていた。他省で平均十反を一農家が耕しているとき、彼らのそれは五反を割るほどだった。いきおい出稼ぎも商業作物づ

かれたもの。これは唐人屋敷（中国人居留地）の生活風景である。
（神戸市立博物館蔵）

くりも得意だし、先進技術の移転やマスターも機敏である。広東人は機械の操作、園芸農業、鉱山の素掘りに長じ、福建人は貿易業、問屋業、海運業の達人であった。江南の生糸や絹や陶磁や綿布をコピーしてその市場を奪い、これまた江南の湿地開発土木の移転もすばやく、商人は蘇州式簿記と肩をならべるアモイ式簿記をそなえ、委託投資やパートナーシップもお手のもので、商戦のうえでは、日露戦まで一日も二日もおかれていた。外国語がうまいのはいうまでもない。

　米大陸横断鉄道を造るとき、ネバダ山脈の難所の貫通で広東華僑が実力をみせたが、こうした土木は朝飯前である。無形のかたちで、鎖国から明治・大正の日本に、華僑は「地力を尽くす」タイプの開発のモデルをのこしたのではなかろうか。勤勉や器用さや商売上手では、われ

『唐館交易図巻』　唐館交易図巻は、長崎での中国貿易の様子が唐絵風に描

われ以上なのかもしれない。最近の華僑通の中国系インサイダーの評論に、国の支援の欠如、その裏返しとしての集団ネットワークの発達を語っていて、日本との違いを考えさせられるが、国の役割が相対化しつつある今日、海外社会に融けこみながらも、「中国人性」[5]を心中で誇りとしている華僑の存在は、もっと知られてよい。ひょっとしたら、臨海中国の生活態度に近代官僚を上乗せしたものが、明治・大正の日本の姿なのかもしれないのだから。

注記

(1) 華僑という語は、一八五八年の清仏天津条約ごろから使われはじめ、清末の民族主義者も使うようになった。その前はふつう唐人と呼ばれ、まれに華人ともいった。

(2) 産業革命は一八世紀末から一九世紀末にヨーロッパ、アメリカで起こり、近代の指標とされるが、これに先だつ一七・一八世紀に、その前段となる世界経済の萌芽期があり、これを初期近代状況とみなすことができる。

(3) 一九七九年に発足した中国の改革解放政策のもと、大連、秦皇島、天津、煙台、青島、連運港、南通、上海、寧波、温州、福州、広州、湛江、北海、海南島を対外開放地区とした。

(4) 南蛮貿易は、一四・一五世紀に琉球船を中心として営まれていた。一六世紀にはマカオ、マラッカを足場とするポルトガル船、マニラによるスペイン船が活躍し、一七世紀になるとオランダ船、イギリス船が主役となった。徳川家康は朱印船の制度をつくり、日本船の南蛮貿易を支援し、多くの朱印船が東南アジアに渡った。

(5) 「中国人性」とは、中国の伝統である祖先崇拝、家族や宗族の親属関係、中国姓を大事にし、中国語、漢字、中国風の習俗に愛着をもつことをいう。郷党の絆などの人間関係でネットワークをつくることもそのひとつである。

第十章　中国からみた日本の鎖国

濱下　武志

◈「鎖国」はなかった?

一四世紀後半から始まった明王朝と日本との関係は、明代中期までは、日本は中国への朝貢国として位置づけられていた。朝貢国は、中国皇帝の権威と徳を慕い、朝貢使節を定期的に派遣して臣下の礼をとり、中国皇帝は冊封使を朝貢国に派遣し、国王として認知するという関係を保った。

主な朝貢国には、朝鮮、日本、琉球、越南《ベトナム》、呂宋《ルソン》、スールー、シャム、マラッカ、ビルマ（ミャンマー）、パレンバン（インドネシア）などがあり、東アジアから東南アジアにかけて分布していた。そして朝貢国と中国とのあいだには朝貢貿易が栄え、さらに、朝貢国相互間の貿易や、朝貢国と非朝貢国の組み合わせによる貿易などもおこなわれ、中国を中心とした朝貢貿易圏のひろがりをもっていた。

中国と周辺関係（清代を中心として）

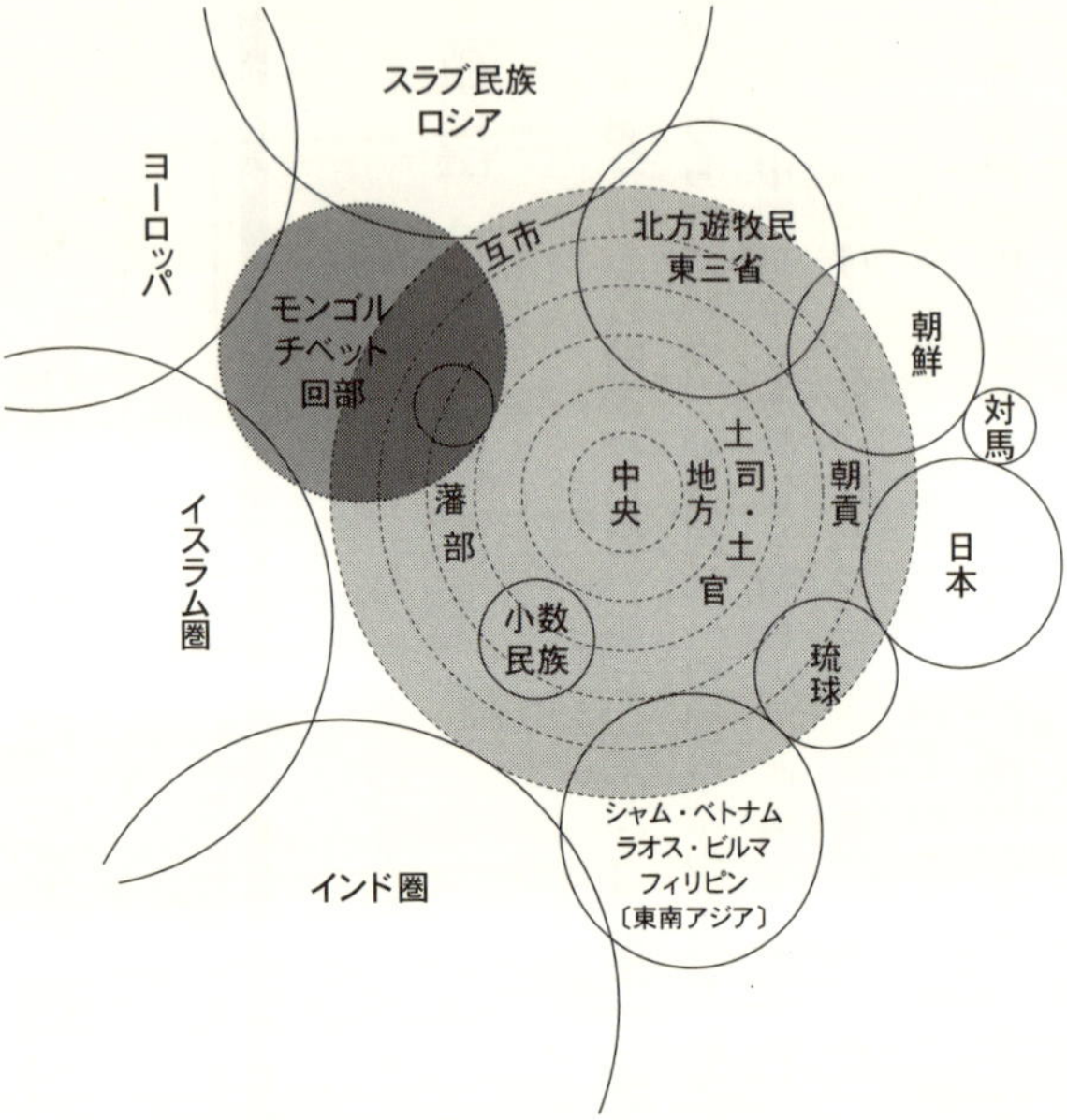

日本は、明代中期までは朝貢国であったが、朝貢使節を定期的に派遣し、中国から冊封使を定期的に迎えるという、典型的な朝貢国ではなかった。しかし、中国側からみるかぎり、鎌倉や室町幕府からの使節ではなく、九州の豪族が派遣した使節を〝朝貢使節〟とみなしており、そこに日本との関係でとりわけ問題が発生しているとは思われない。

明代中期以降、日本は朝貢国から互市国に編入替えがなされている。互市国とは、文字上では対等な交易をおこなう相手という意味であり、朝貢国よりいっそうゆるやかな関係を意味している。いま、中心にある皇帝の統治の範囲がしだいに広がっていく様子を図にしめす。

清代の編成にあっては、中心をなす中央＝皇帝から、地方・土司（土官）・藩部へとひろがり、その外側に朝貢圏、さらに互市圏が位置している。そしてそのさらに外側には、皇帝の教化がおよばない「化外の地」が存在する。ただし、それらも実質的には交易関係によって、交渉が維持されていた。日本は、一六世紀ごろ互市国に編入されたのち、一七世紀にいたって、いわゆる〝鎖国〟政策をとった。しかし、中国側からこの鎖国政策をみると、実質的には交易活動が長崎を中心に維持されている以上、それ以前とはとりわけ大きな変化があるとはみなされていない。また、日本が朝貢国から互市国に編入替えされた理由はどこにあるのであろうか。

その原因のひとつは、日本が折にふれて主張した、日本の天下観や中華観が存在したことにあると思われる。

◈「華」の主張と「夷」の区別

明代洪武帝の元（一三六八）年に「四海一家」を内容とした詔書が下され、日本、高麗、琉球、安南、占城に使者が派遣された。詔の内容は、日本に朝貢をうながすものであった。

昔、黄帝が天下を治めたときには、太陽や月光が照らすところはすべて、遠近の有無に関係なく一視同仁であると見做している。その結果中国が安定し、四夷もまた得るところがあった（『明実録』巻三十七）。

ここにみられる天下理念・華夏理念は、それが皇帝権に付与されることによって、超越的な、普遍的な理念に位置した。そして、この理念としての華夏観は、華夷意識としてあらわされることによって、〝自己世界主義〟ともよびうる、自己認識＝世界認識をなりたたせた。

華と夷とは、中心たる自己としての「華」と、それに対置された他者としての「夷」という関係ではない。華夷認識における夷とは、みずからの影響下にあるもの、みずからの恩恵を受けるものの総称としての夷であって、他者認識そのものを夷とはみなしていない。したがって、華は夷をたえず内に包みこもうとする対外交渉関係を維持しており、最終的には、地政的な広域秩序理念として華夷秩序はあらわれてくる。すなわち、東夷・西戎《せいじゅう》・南蛮・北狄《ほくてき》というかたちで、中心から四方への方向概念としてあらわされることがその例である。

このようにみてくると、これまで華夷秩序は、歴史的には中国を中心として、中国の対外秩序観としてとらえられてきたが、華夷認識それ自体は、自己を中心として、それを世界とみなす地政的な広域秩序理念であることから、中国からみた夷は、かならずしもみずからを夷のみとしてとらえていたのではなく、みずからを華として位置づけることを可能とさせた理念であったということが特徴的である。

さきの明の太祖の詔にたいして、日本の懐良はつぎのように反論している。

天下は、天下［にあるすべてのものにとって］の天下であって、［明皇帝］一人の天下ではない（『明史』巻三二二）。

ここにしめされたように、天下は国の大小や強弱によって決せられるのではなく、すべてに共有されるべき理念であることが強調されている。別の表現をすれば、華夷理念そのものが共有され、華と夷とは容易に互換されるということである。そこでは多くの〝華〟が併存しうるし、いずれの国もが〝中華〟を主張できる可能性をもっていたということである。

このことは、日本がかりに〝鎖国〟という政策をのちに採用しても、いぜんとして朝貢圏コミュニティの一員として存在しつづけていたことを意味している。すくなくとも、中国からみるかぎり、それ以前の〝朝貢国〟時代の対内的・対外的な関係は、維持されつづけているということができる。そして、ときには、それ以上に、みずからが中華・小中華をとなえることによって、むしろ積極的に東アジアの中華世界を構成する中心たらんとした時期もあったことをみとめることができるのである。

◈「鎖国」の対外的ひろがり

これまで「鎖国」は、その閉鎖性や排外性によって説明されてきた。しかし、歴史的経緯をみるかぎり、鎖国は、その対外的ひろがりにおいても理解される必要がある。それは、つぎのような問題のなかにみいだすことができる。

第一は、交易活動のひろがりである。対外交易港が長崎一港に制限されたとはいっても、実質的には〝地方貿易〟によって、中国との交易関係はよりいっそう多角的になっていったとみることができる。それらは、対馬を通して、朝鮮を経由した中国との交易、琉球を通した中国との交易、あるいは、長崎とマカオを結んでおこなわれた交易、アイヌを通したいわゆる北丹《ほくたん》貿易などである。薩摩が一六〇九年におこなった琉球進攻も、琉球が一四世紀以来築いてきた中国との交易関係を掌握しようとする意図があったことによっている。

第二は、第一の点にみた、日本が東アジア・東南アジアをめぐる交易関係、すなわち朝貢貿易関係に参加したことが同時に、中国を中心に編成された華夷秩序のなかに実質的に身を置くことになったということが指摘できる。これは、日本と琉球との関係のなかに特徴的にみられる。琉球の対外関係は、一六〇九年の後は、薩摩藩に属することとなった。琉球国王は江戸幕府にたいして、将軍交代時には慶賀使を送り、また琉球国王の代替わりにあたっては謝恩使を派遣した。

江戸幕府の対外関係の記録である『通航一覧』には、歴史的には〝中山王来朝〟と記してきたのではあったが、寛永十一（一六三四）年の慶賀使の訪問以降は、一貫して〝来貢〟として記録し、朝貢使節として扱っている。これにたいして琉球は、ときには、薩摩の意向を受け入れるかたちで臣下の礼をとり、ときには、両者の対等を表現する書式を発した。そして、これらは琉日両者のあいだで摩擦を生じ、交渉案件となっている。

このように、日本は琉球にたいして宗主国としてふるまおうとし、琉球にたいしては薩摩を通じて朝貢国とみなしている。これは、清朝が他の朝貢国にたいしておこなった外交交渉とまったく同一の方式である。ここからは、排外閉

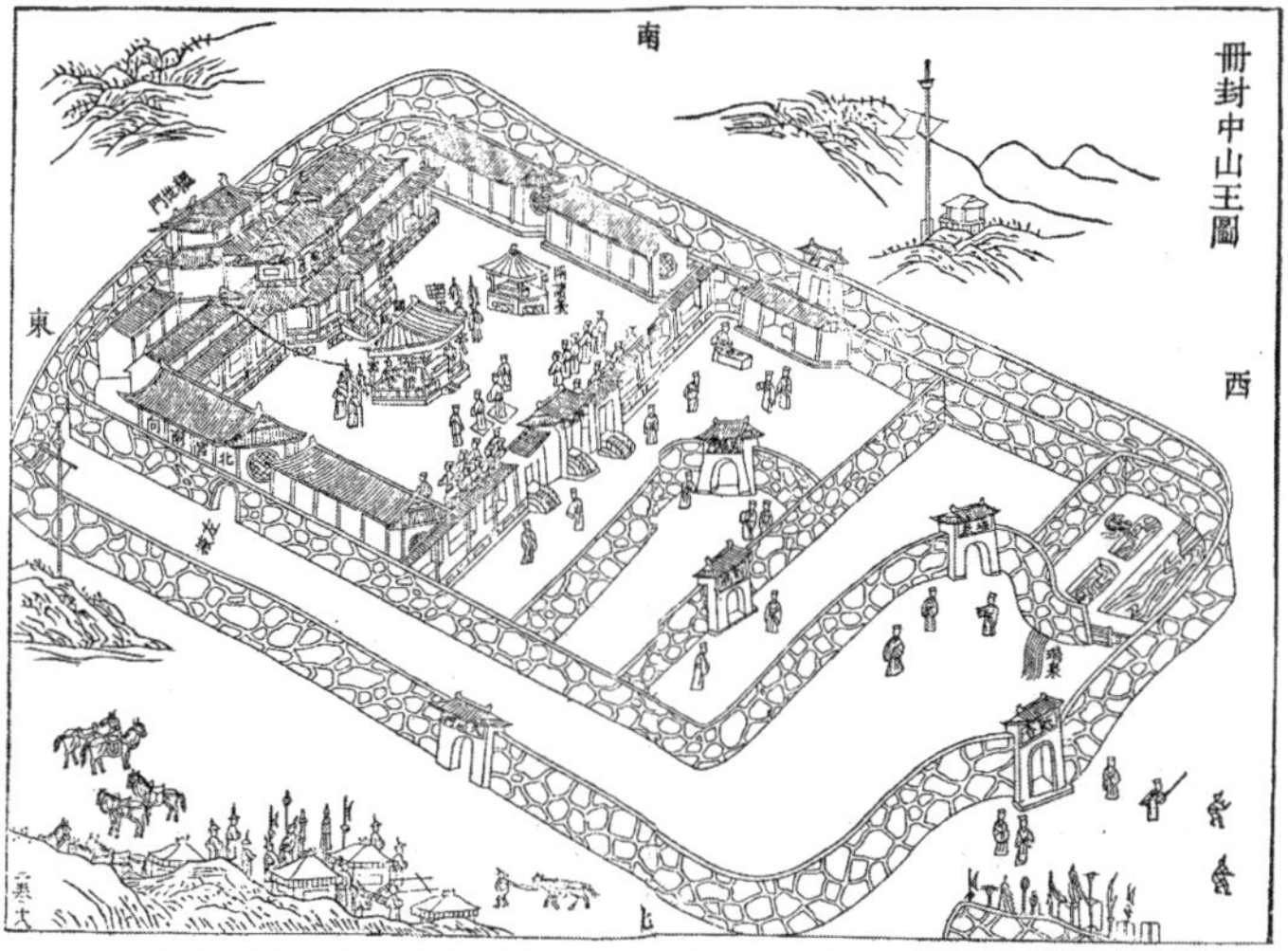

『中山伝信録』より「中山王を冊封する図」（内閣文庫蔵）

鎖の鎖国像はみえてはこない。

第三に、公的な外交関係がなくとも、朝貢国相互間の漂流民返還がおこなわれ、そこに日本も参加していた点を指摘できる。琉球と中国とのあいだに漂流民の返還がおこなわれたように、江戸幕府も琉球からの漂流民は、薩摩を通じて帰国させている。

以上にみてきたように、ヒトやモノの移動においても日本が朝貢貿易圏に参加しており、さらに、国内の位階秩序や朝鮮との外交交渉の方式なども、その往復書式をみるかぎり、中国を中心とした東アジアの華夷秩序のルールを踏襲しているとみなすことができる。

ではいったい、鎖国とはなんだったのであろうか。ここでは鎖国の実体の存否という問題よりも、鎖国論を重視し、それをアイデンティティとする日本の思想風土によりいっそう注目したい。

◈日本アイデンティティとしての「鎖国」論

「鎖国」論は、現在にいたるまで、〝日本〟のアイデンティティのひとつであり、その思考法は今後もつづくと思われる。なぜならば、〝日本〟はその対外認識と自己認識との関係において、情報の出入りがほとんど一方向的に外から内に入ってきたことから、みずからが外部に発する情報の反応を通して自他の距離を測定し、その変化にもとづいた自他の交渉を通して、自己意識を形成する方法をとってこなかったからである。

「鎖国」論は、歴史展開のなかでつぎのような特徴をしめしている。

第一は、一六九〇年九月二十五日にオランダ東インド会社の船で平戸に上陸したドイツ人エンゲルベルト・ケンペルが『日本誌』（一七三三年）で用い、当該部分を長崎通詞であった志筑忠雄が一八〇一年に『鎖国論』として使用した、〝鎖国〟という考え方である。

第二は、江戸末期の開国をめぐる議論のなかで利用された攘夷論に関連した鎖国論である。ここにみられる鎖国は、ケンペルが観察した閉鎖的な日本の〝合理性〟の議論とは異なり、反外国主義・排外主義として登場している。このことは、幕末期には江戸時代の対外関係を〝鎖国〟とみなしていなかったのではないかという疑問に回答するものであろうし、さらには、鎖国認識が同時代人の理解とは異なって、後代の再解釈に負うところが大であることを示唆している。

第三は、日清戦争の直前に、対清国強硬論がもりあがった時期の「鎖国得失論」にみられる、〝大地域主義〟の論拠に利用された江戸時代の鎖国政策理解である。領土問題が鎖国評価にくわえられている。

第四は、大正時代におけるアジア認識の大衆化にともなって議論されはじめた、日本文化論・日本人論としての鎖国論である。ここでは、日本のアイデンティティを論じるときに、日本文化の閉鎖性が指摘される。ただし、この指摘は、他方において、長谷川如是閑のように西洋文化導入、西洋化を目標とし、そこへの動機づけとして鎖国文化論があり、さらにそれが西洋化に向けて換骨奪胎されたとみなすことができる。

第五は、和辻哲郎の『鎖国』にみられるように、戦後期のいわゆる鎖国〝亡国〟論である。敗戦を眼前にして、戦争へいたった〝日本の弱点〟への批判の論拠として、歴史上の鎖国にその原因がもとめられた。そして、戦後期における、この鎖国を元凶視した日本の後進性にたいする批判も、近代化への強い主張の根拠となった。

ここにいたって、ケンペルがとらえた日本の対外政策における〝やむをえない対応〟としての肯定的な閉鎖性は、大きくその評価が自己展開し、かつ戦前までの日本史の否定的側面を論じるさいの根拠となった。同時に、通時代的な日本人のアイデンティティ論のなかで、鎖国に起因する閉鎖性がかならず議論の対象となった。

第六は、一九六〇～八〇年代の日本の高度経済成長にともなう日本論・日本人論の変化である。そこでは、それ以前の西洋化・近代化コースのなかで日本を位置づけることから転換し、日本の独自性が強調され、積極的な現状肯定が試みられた。その結果、否定的アイデンティティとしての鎖国論は、あらためてその評価を問われることとなった。また、現在の〝国際化〟論議も、歴史的に蓄積され、ケンペル―志筑の鎖国論から大きく離れ、後代において再解釈・強化された鎖国アイデンティティの存在を前提とした、それとの自己同一化と考えられる。なぜならば、結果的には、現在論じられている国際化問題が、日本の〝国際化〟ではなく、国際の〝日本化〟になりかねないからである[1]。

この鎖国認識は、歴史研究にたいしていくつかの問題を投げかけている。一例をあげるならば、現在われわれが共有している鎖国論は、戦後において解釈され強化された〝閉鎖性〟としての鎖国論であるということであり、しかもその認識を一七世紀の鎖国論に投影して同時代を理解しようとするということである。すなわち、後代の認識にもとづいて前代を理解しているという、時代と認識の逆転であり、この点を十分に自覚することが必要となろう。日本に〝鎖国〟はなく、〝鎖国論〟があったとあえて私が論じたい理由である。

注　記

（1）　鎖国論に対置される開国論の議論も時代とともに展開していると考えられるが、対外交渉のプログラムを欠いた開国論は、表現は対極的であっても考え方としては鎖国論と通底しているとみなすことができる。アジアへの顔とヨーロッパへの顔を異にしてきた日本の開国交渉は、開国を強調すればするほど両者への対応の矛盾が拡大したからである。

第Ⅱ部　鎖国の内窓を開く

第十一章　「鎖国論」と日本の開国

平石直昭

われわれがふだん使い慣れている「鎖国」という言葉は、もともと一八〇一（享和一）年に、長崎の元オランダ通詞だった志筑《しづき》忠雄が、エンゲルベルト・ケンペル(1)の『日本誌』の一部を訳して、「鎖国論」と名づけたのに由来する。

戦前に板沢武雄が指摘して以来、このことは今日ではひろく知られている。しかしこの「鎖国論」が、幕末維新の日本の思想状況、政治動向にあたえた「影響」は、かならずしも十分に明らかというわけではない。以下では「鎖国」の正当性を説く「鎖国論」が、幕末日本では、そのすみやかな開国をうながすことになったという皮肉な経緯を中心に、若干の考察をおこないたい。

「黒船来航かわら版」1853(嘉永6)年（柏崎・黒船館蔵）

◈「鎖国論」訳出の動機と相反効果

さて志筑が右の訳業をおこなった一九世紀初頭は、ちょうど通交をもとめるロシア使節が、二度にわたって来日した時期にあたる。そうした対外的な緊張の高まりを背景に、彼は「鎖国論」を訳出したのだった。その動機は、巻末に付されたあとがきにうかがえる。すなわち近年におけるロシアの強大化と南下の実態を熟知していた彼は、エゾ地やカラフトにたいする幕府の統制がゆきとどきさえするなら、対ロシア通商に踏みきることが、適当と考えた。適度の緊張感を国内に保つためである。そこで精神的引締めの一助として、海外から流入する異説異俗に人々が惑わず、現体制への忠誠心が強められるように、この訳述をしたというのである。

しかしいったん訳出されるや「鎖国論」は、消極的な対ロシア通商論を述べていた志筑の意図を超えて作用した。一方では山鹿素水、(2) 大橋訥庵《とつあん》(3) などに例をみるように「鎖国」主義の傾向を強めてしまった。他方ではもっと積極的な、全面開国論を導きもしたのである。こうした相反する影響を生んだ理由をみるために、まず「鎖国論」でのケンペルの論理を検討しておこう。

◈ケンペルの「鎖国」弁護

はじめにケンペルが、キリスト教的な人類同胞観に立ち、通商自由論を冒頭で展開していることに注意する必要がある。すなわち一地球上に住む人類は、通商によって有無を通じあい、友情を高めて扶助しあうのが神意にかなうという。こうした主張は、近代国際法の父とされるグロティウス(4)が、『海洋自由論』（一六〇九年刊）の冒頭でしめした通商自由の正当化の論理と酷似している。とくに両者が、自説を補強するために遠隔地交易をテーマとしたウェルギリウス(5)の詩を引いていることは、ケンペルの念頭にグロチウスのあったことを推測させる。ケンペルは一七世紀の元禄初期に、長崎のオランダ商館に雇われて来日したドイツ人医師である。海洋の自由をめぐる当時の西欧での議論に、彼が通じていたのは不思議でない。

だがこのように世界各地間の自由な交易が神の正理だとすれば、当時の日本の対外政策はまったく不当ということにならざるをえない。諸外国との一般的通商を禁じ、自国民の海外渡航を厳禁しているからである。

これにたいしてケンペルは、主として二点から日本の「鎖国」を弁護している。

第一は地理的・経済的条件である。ケンペルによれば、日本は天然の要害にかこまれた大島国であり、周囲は荒海で外からの接近は非常に困難である。しかも国内各地では各種物産が豊富に生産され、人口は多く、彼らは勤勉有能である。いわば日本は多数の島からなる小地球のごとくであり、国内の通商だけで十分に経済的自給が可能である。かくて外国貿易は不必要であり、「鎖国」は人民の福祉にかなっているという。そしてケンペルは、この点で日本は非常に恵まれており、神の恩寵を受けた国だと強調している。これらは、松平定信や平田篤胤(6)が我意を得た思いで読んだ箇所であろう。

第二は歴史的・政治的条件である。ここでケンペルは、長くつづいた戦国の動乱が、秀吉・家康という傑出した二武将により、ようやく鎮静化された過程を分析する。とくに国内統一の必要上、彼らやその後継者たちのとった大名・人民の統制策が、マキャヴェリ(7)を想起させるような冷徹な現実政治の観点から、鋭く分析されているのが重要である（たとえば参勤交代制、五人組による連帯責任制など）。このことは、上述のキリスト教的人類同胞観の主張とあわせて、ケンペルの内部に西洋近代の時代思潮が、複雑に入り組んでいたことをしめしている。

しかしこの国内統一にとってもっとも重要な時期に、ポルトガル人たちは、キリスト教を思想的武器として日本国内への勢力扶植を謀った。幕府転覆の陰謀さえくわだてた。そこでやむをえず幕府は、国内治安と対外防衛の必要から、禁教令と鎖国策をとった。それは政治的にみて、正しい選択だったとケンペルはいうのである。こうした彼の立論の背景には、故郷ドイツが一七世紀前半の三十年戦争により、壊滅的な打撃を受けていた事情があった。一六五一年生まれの彼には、その惨禍の記憶は生々しかったであろう。強大な軍事権力のもとで、宗教内乱や外戦から免れ繁栄を謳歌している日本が、恵まれたものと映ったのは理解できる。

◈議論の共通ベースとしての「鎖国論」

以上の紹介から明らかなように「鎖国論」は、グロティウス的な通商自由論を一般原則として立てながら、特殊具体的には、経済的アウタルキー論(8)とマキャヴェリ的な統治論の観点から、日本の「鎖国」を擁護したものだった。そこでこの訳本が幕末日本で読まれたとき、これらの諸側面がそれぞれどのように重視されたかにより、その影響も違ったかたちであらわれることになったのである。以下「鎖国論」が皮肉にも日本の開国をうながす方向に作用した面にしぼって考察をくわえよう。

さてこの点でまずみるべきは、「鎖国論」をふくむ『日本誌』全体が西洋で得た世評の高さである。その出版（一八世紀前葉）以来本書は、標準的な日本紹介書として長く読みつがれた。各国語版がでていることからも人気のほどがわかろう。じっさい、日本にかんする小百科事典とさえいえるほどの内容の豊富さを考えれば、それも不思議はなかった。そうした信頼できる良質な作品として、本書は西洋の知的世界に多くの読者をもったのである（よく知られている例ではモンテスキューやカントなど）。

このことの重要な一面は、幕末の日本を訪れた西欧の外交官、軍人らが、本書を主な情報源のひとつとして、いわば理論武装して来日していることである。たとえば『ペルリ提督日本遠征記』の序論には、日本の国情や産物などをめぐり、たびたび「ケンペル」への引照がみられる。また初代駐日総領事となったハリス(9)は、『日本誌』に掲載された江戸図を下田奉行にしめして、その正確さを知ろうとしている〔『日本滞在記』一八五六年九月十五日条〕。いずれも本書が、彼らによって珍重されていたことをしめしている。

そしてこの点と関連して注意すべきは、幕末西欧の政府・外交官が、日本の鎖国政策の由来と正当性について、ケンペルを通して一定の観念をもっていたことである。このことの意味は大きい。なぜなら彼らは、その正当性を一応は認めたうえで、もはや「鎖国」では日本のためにもよくないゆえんを考えだし、それによって日本人を開国に向けて説得しようとしたからである。

いっぽう日本人の側でも、とくに「鎖国論」が志筑訳によって（写本のかたちで）流布して以後は、西洋人がどんな目で日本の対外策をみているかをひろく知るようになった。こうして期せずして「鎖国論」（とそれにあたる原文）は、幕末に日本と西洋が「鎖国」か「開国」かを折衝するさいに、彼我双方に共通する議論のベースをあたえることになったのである。

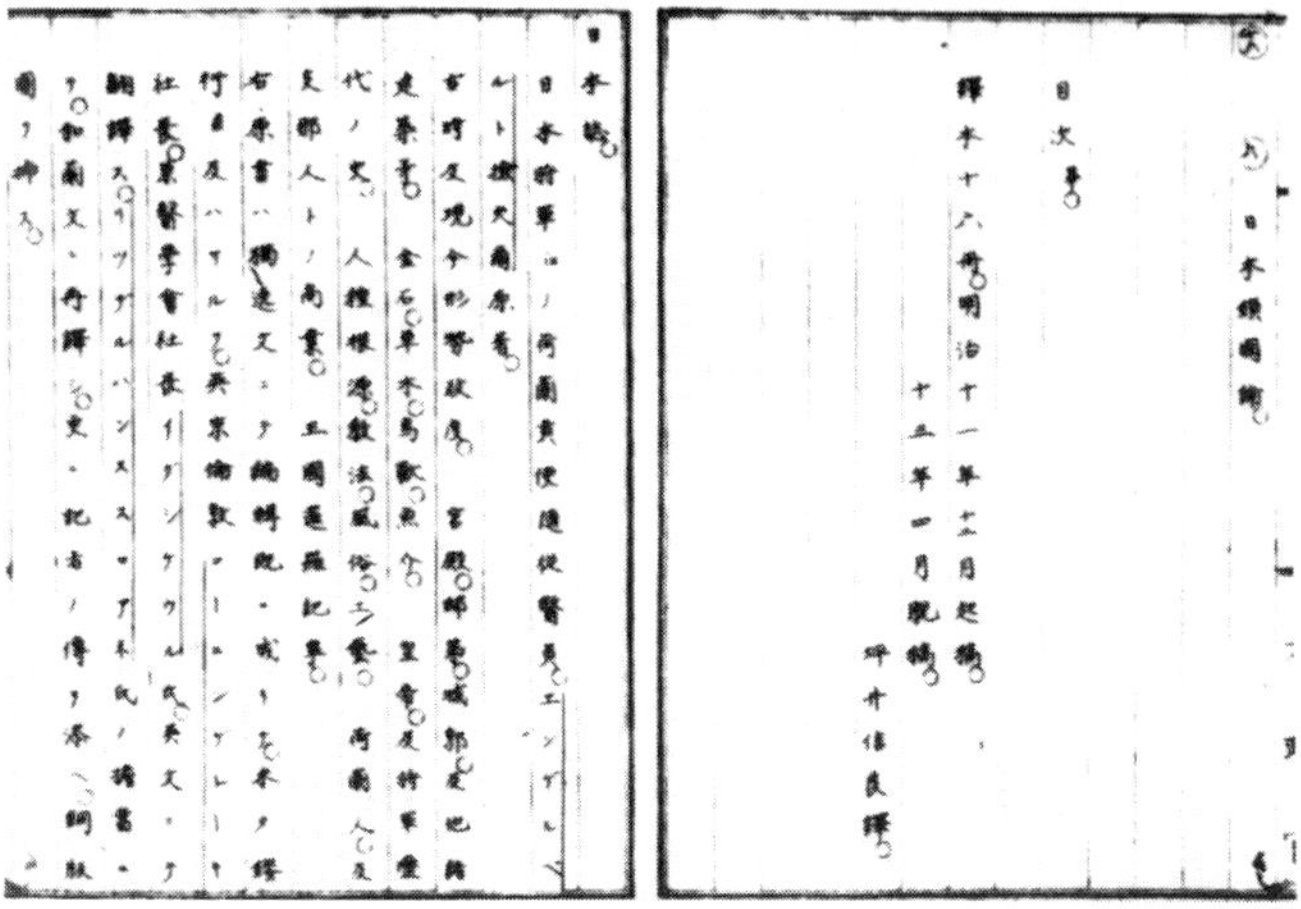

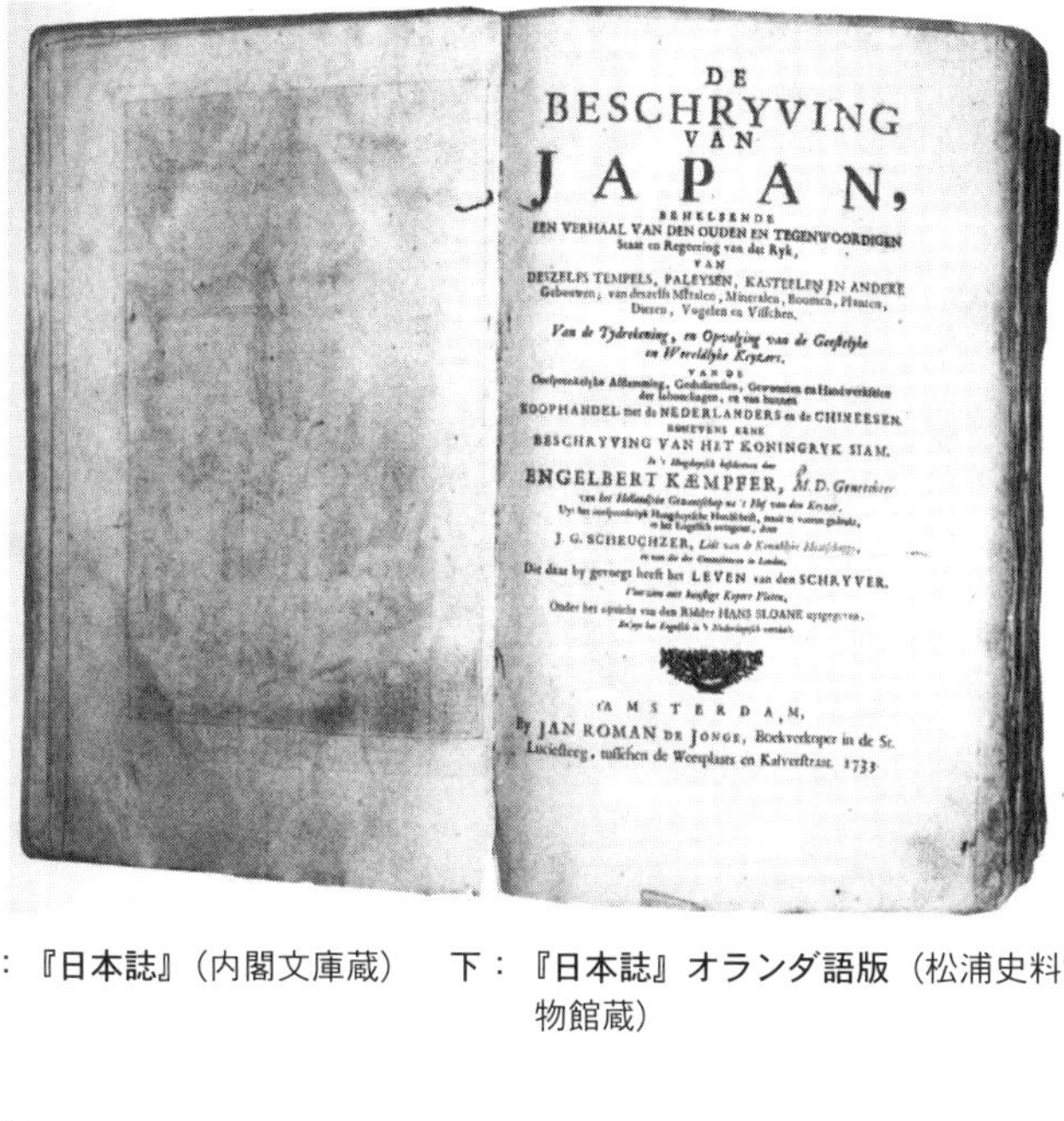

上：『日本誌』（内閣文庫蔵）　下：『日本誌』オランダ語版（松浦史料博物館蔵）

◈オランダによる開国へのアプローチ

この点をしめす早い例は、一八二六（文政九）年、オランダ商館長スツルレルと高橋景保(10)（幕府天文方）のあいだに交わされた会話にみられる。前者は後者にたいし「貴邦は自然の要害に拠り、国を鎖して海外と通ぜしめず。其鎖国の意は固《まこと》に感服する所なれども、海国にして艦軍に習はず、好みを隣国に結ばざれば外患を禦《ふせ》ぐに利あらじ」と語っている〔『丙戌異聞付録』〕。明らかにケンペルの論理にしたがい、「鎖国」の合理性を一応は認めたうえで、それでは危険だと助言しているわけである。

いっぽう高橋は、自身「西洋人日本紀事」としてケンペル『日本誌』を抄訳し、志筑訳の「鎖国論」にも目を通していた。こうしてあらかじめケンペルの議論を知っていたからこそ、高橋は、相手の助言の意味を十分に理解できたといえよう。

一八四四（弘化元）年、幕府に提出されたオランダ国王の開国を勧める国書も、同じ関係をいっそう明瞭にしめす資料として重要である。「謹で古今の時勢を通考するに、天下の民は速やかに相親むものにして、其勢は人力の能く防ぐ所に非ず。蒸気船を創製せるより以来、各国相距る事、遠きも猶近きに異ならず。斯くの如く互いに好《よしみ》を通ずる時に当て独り国を鎖して万国と相親ざるは、人の好みする所に非ず」。だから交易を通じて好みを通じあうべく、「鎖国」の法をゆるめよと国王は助言している。

こうした勧告が、ふたたびケンペルの「鎖国論」の論理を念頭においていたことは明らかであろう。本性上親しみあうものという人間観は、あの人類同胞観を想起させるし、そのうえで蒸気船の発明による距離の遠近差の解消が、かつて「鎖国」を正当化していた地理的条件を変えてしまったと指摘しているからである。そしてこうした客観情勢の変化にもとづく「開国」の必要という論理は、やがてアメリカによる対日開国勧告のそれとしても採用されていった（前述の『ペルリ提督日本遠征記』によれば、アメリカ政府はこのオランダ国王の国書について十分な情報を得ていた）。

◈人類同胞観にもとづく通商自由論へ

たとえば前出のハリスは、一八五七（安政四）年十二月十二日、老中堀田備中守を前にして述べた口上で、蒸気船の創製や電信の発明が、新しい世界を生みだしたと強調している。くわえて彼は、現在の西洋では信仰の自由が確立し、宗教戦争のたぐいは存在しないこと、かつて「日本を横領」するつもりで商売や宗門に仮託して来日した者たちはあとを絶ち、「世界一統睦く」し「一方の潤沢は一方に移し、何地も平等に相成候様」にするのが「当時の風習」だと述べている。

ハリス登城図（柏崎・黒船館蔵）

こうしたハリスの主張は、かつてケンペルが日本の「鎖国」正当化のためにあげた二条件が、いまでは成り立たなくなったと言っているにひとしい。そしてそのかわりに、後者が枕としておいた一般原則＝人類同胞観にもとづく通商自由論が、日本ものっとるべき普遍的道理として、強く前面に押しだされてきたのである。

このハリスの「演舌」は、当時の開明人士のあいだに伝えられ、大きな反響を生みだした。たとえば一橋慶喜[11]は、一八六二（文久二）年に松平春岳にたいして「日本は環海の国柄にて、迚も独立（鎖国のこと）致候事難レ叶、況や彼れ蒸気船発明以来は就中の事にて、隣里に行くも同様にして……夫ゆへ日本独立の勢を成し候事、於二天理一出来難し」と述べている〔『幕末政治論集』〕。また横井小楠[12]も、「鎖国論」に引照したうえで、「外国の形勢大に変じて航海の術盛に開け、……火輪船を発明せし以来は千万里亦比隣の如し。……天険も恃みがたき時勢となれる中に日本のみ独立鎖国してあるべき様なし」とし、開国して世界万国と交易し、情誼を通じ合うべしと主張している〔「国是三論」一八六〇年〕。とくに小楠の場合は、もともと儒教的な四海一家の普遍主義的傾向が強かった。蒸気船の発明を根拠とする「鎖国」の条件解除とともに、それが、ケンペルやハリスにみられる人類同胞観と共鳴しているわけである。そしてこうした立場は、やがて岩倉具視や伊藤博文らによって受けつがれ、維新政府が「開国和親」を対内的に正当化するさいに、利用されていったのである。「鎖国論」の生んだ思わぬ効果に、ケンペルも苦笑したことであろう。

ところで丸山眞男はかつて、華夷秩序観をもつ幕末日本が、比較的スムーズに近代西洋の国際関係に入っていけた知的要因として、朱子学的な「理」の普遍性の意識が、近代国際法の理解に資したという逆説を指摘したことがある（「近代日本思想史における国家理性の問題」ちくま学芸文庫『忠誠と反逆』）。そのさい氏がとくに注目したのは、右の小楠における「理」観念の意味転換であった。本章は、小楠とグロティウス的な近代国際意識のあいだに「鎖国論」を媒介項としておくことにより、この指摘が示唆していた思想史的関連を、具体的に明らかにしようとしたものでもある。（本章をもっと十分に展開したものとして、拙著『日本政治思想史—近世を中心に』の第13章を参照）

注　記

（1）一六五一～一七一六年。一六九〇年、オランダ船船医として長崎出島に渡来、商館付き医員となったドイツの外科医・博物学者。

（2）生没年未詳。幕末の兵学者。山鹿素行六世の孫。『海備全策』などを著わした。

（3）一八一六～六二年。幕末の志士。儒学を佐藤一斎に学び、養父の協力で日本橋に私塾を開いたが、やがて過激な尊皇攘夷に傾く。老中安藤信正襲撃計画で中心的役割を果たした。

（4）　一五八三～一六四五年。自然法の父・国際法の父と呼ばれている、オランダの法学者。
（5）　前七〇～一九年。ローマの詩人。アウグスツス帝と、マエケナスの庇護を受けた。
（6）　一七七六～一八四三年。本居宣長没後の門人として古道の学に志した、江戸後期の国学者。古典の研究に力を注ぎ、独自の神学をうちたてた。
（7）　一四六九～一五二七年。政治を倫理や宗教から分離して考察、近代政治学の基礎を築いた。イタリアの政治思想家・歴史家。
（8）　自給自足経済。国民経済の自立をめざして外国依存の廃止をはかる経済上の傾向。
（9）　一八〇四～七八年。一八五六年、最初の駐日総領事として来日。幕府とのあいだに修好通商条約、貿易章程を締結。
（10）　一七八五～一八二九年。江戸後期の天文学者、地理学者。伊能忠敬の測量を監督、その地図を修成。天文台内に蘭書訳局を開設した。
（11）　一八三七～一九一三年。のちの十五代将軍徳川慶喜。
（12）　一八〇九～六九年。熊本藩士。幕末の思想家、開国論者。

第十二章　礼儀作法学校としての日本

横山俊夫

なんという群衆！　彼らはわれわれの通行にあわせ、いっせいに走りつづける。だがその一面の頭の上なら歩くこともできようか。

一八五八（安政五）年夏、通商条約締結をもとめて英国使節エルギン伯爵の一行が江戸に上陸。彼らを驚かせたのは、日本では群衆におだやかな秩序があることであった。右の寸評は同行の海軍大佐のものである。頭上を歩くとは無礼千万。しかし見物人の陽気な顔々についそんな想いがわいたか。とにかく、強権にひしがれているような「不機嫌や怒りの表情は、ひとつも見当たら」ず、その秩序は自発的とみえた。たしかに、脇筋から本通りへと彼らがなだれこまぬよう縄が張られており、まれに、はみだし者が役人から扇で頭を叩かれてもいた［Osborn, 1859: 404］。

しかし、縄ひと筋、扇一本で行儀よくしている群衆などあろうか。当時ヨーロッパでは、革命暴動の気配はおとろえていない。また一行は、インドの大規模な「兵士の反乱」に旅程を狂わせられ、「敵地」広東に到着して、空気はさらに険悪であった。江戸は彼らの目に、まさに別世界であった。エルギン伯は、こう解した。「だれもが、自分たちの置かれたあれこれの軌道の上を動いているのが、この世でもっとも自然なことと考えているようにみえる」。そして「お作法」の支配下に喜んでおさまっている。これは彼らが「従順であっても、隷従的ではない」ことを意味する、と。伯は手紙で妻に語る。「彼らの嬉しげな、それでいて丁寧で恭しさをたたえた表情や物腰。われわれが英国で莫大な富をつぎ込んでようやく身につけるような上品さや垢抜けた態度に、南の国の豊かさが重ねあわされている――私は、かつて心にいだいたあらゆる期待を完全に上回るなにかを、ついに発見したと感じた」[Walrond, 1872: 269]。

これは、当時の英国のはやり言葉でいえば、日本すなわち文明国ということであった――しかも文明の語の古義に近い意味で。つまり、住人が各自の分に安んじ、たがいに礼譲、シビリティを発達、洗練させていることで安定している政体という意味である。「シビライゼイション・イン・ジャパン」なる語は、使節がのこした記録やそれをめぐる評論に頻出する。結構な語法の大盤振舞いであるが、たしかに当時のヨーロッパでは、礼儀正しさやマナーのよさは支配層がほぼ独占する資質であり、中国でも、礼は士大夫のもの、庶民には下らず、の伝統どおりであった。

いったい、いつごろから日本にこのような「文明化」がみられるようになったのか。エルギン伯の意見と相呼応する外国人の観察は、一六三九年の鎖国完了から約半世紀後にあらわれている(1)――

「この帝国全体を一箇の礼儀作法学校と呼ぶも可ならん」。当時、出島の蘭館医師であったエンゲルベルト・ケンペルの言葉である。彼によれば、日本人の「礼儀正しきこと」は、「世界のもっとも礼法整いたる国民に期待しうるものにもまさ」り、しかもそれが「いと賤しき田夫から、やんごとなき貴人、領主にいたるまで」みられる点が重要であった［Kaempfer, 1727: 446］。

〝お作法ブーム〟のようなものが、鎖国後二〜三世代をへて起こっていたか。長崎の天文地理家の西川如見は、ケンペル来日から一世代ほどのち、庶民向けの教訓書を京都で刊行。そのなかで、「或る町人の老翁」の意見を紹介している。いわく、「すこし富める町人は、身を高ぶり人めかして、公家、武家の礼法を似せて奢をなすもの多し。それを羨みつつ、おしなべて知るもしらぬも、ひた似せに似するほどに、終に一国の風俗となり行」く［西川、一九七五：九八］。エルギン伯一行は、まさに礼法が「一国の風俗」と化した世界を訪れたということか。伯の秘書官が語る。「われわれは、ケンペル翁と完全に意見を同じくして日本をあとにした。翁は［中略］この国の人々の性格についての評価を、つぎのごとく要約している。『分裂なく、穏やかで、神々へのしかるべき崇拝、法律へのしかるべき服従、近隣の人々へのしかるべき愛と心遣いを身につけており、礼儀正しく、親切にして徳深く、芸術と産業では、ほかのすべての国民にまさる』と」［Oliphant, 1859: 206-07］。

◈「節用集」流布による文明化

このような「分裂」のなさを可能にしたものはなにか。いくつか考えうる答えのなかでも、とくに重要でありながら見過ごされてきたものがある。それは、『節用集《せつようしゅう》』の流布である。この書は、もとは一五世紀後半に生まれた、和語から漢字語をもとめる辞書であった。はじめは詩をたしなむ人々の玩物であったが、改訂がくわえられるうちに、漢文を原則とする公用文作成のための〝漢字変換具〟となる。一七世紀後半ともなれば、なんらかの公役にかかわる家なら、都鄙、職種を問わず『節用集』をそなえるようになる。いまなら、町内会の役がまわってきてワードプロセッサーをそなえるといったところか。やがて短くセッチョウとよばれ、親しまれた。江戸時代を通じて数百を下らぬさまざまな版がおこなわれている。

興味ぶかいのは、ちょうどケンペル来日のころ、この書の内容がたんなる和漢辞書から総合礼法書とよべるものに成長していることである。歴代天皇や将軍の一覧とならんで、贈り物を木台に積む方式、目録の作り様、起居振舞いの図説、いけ花や茶の湯の略伝、名付け、日取りや方位の吉凶選びといった、人、もの、陰陽道の神々にたいする細やかな礼法類が、付録に充満する。一九世紀前半には、八〇〇ページを越すものが出まわるにいたる。直接の使用者は文字を使う層であったが、たとえ村に

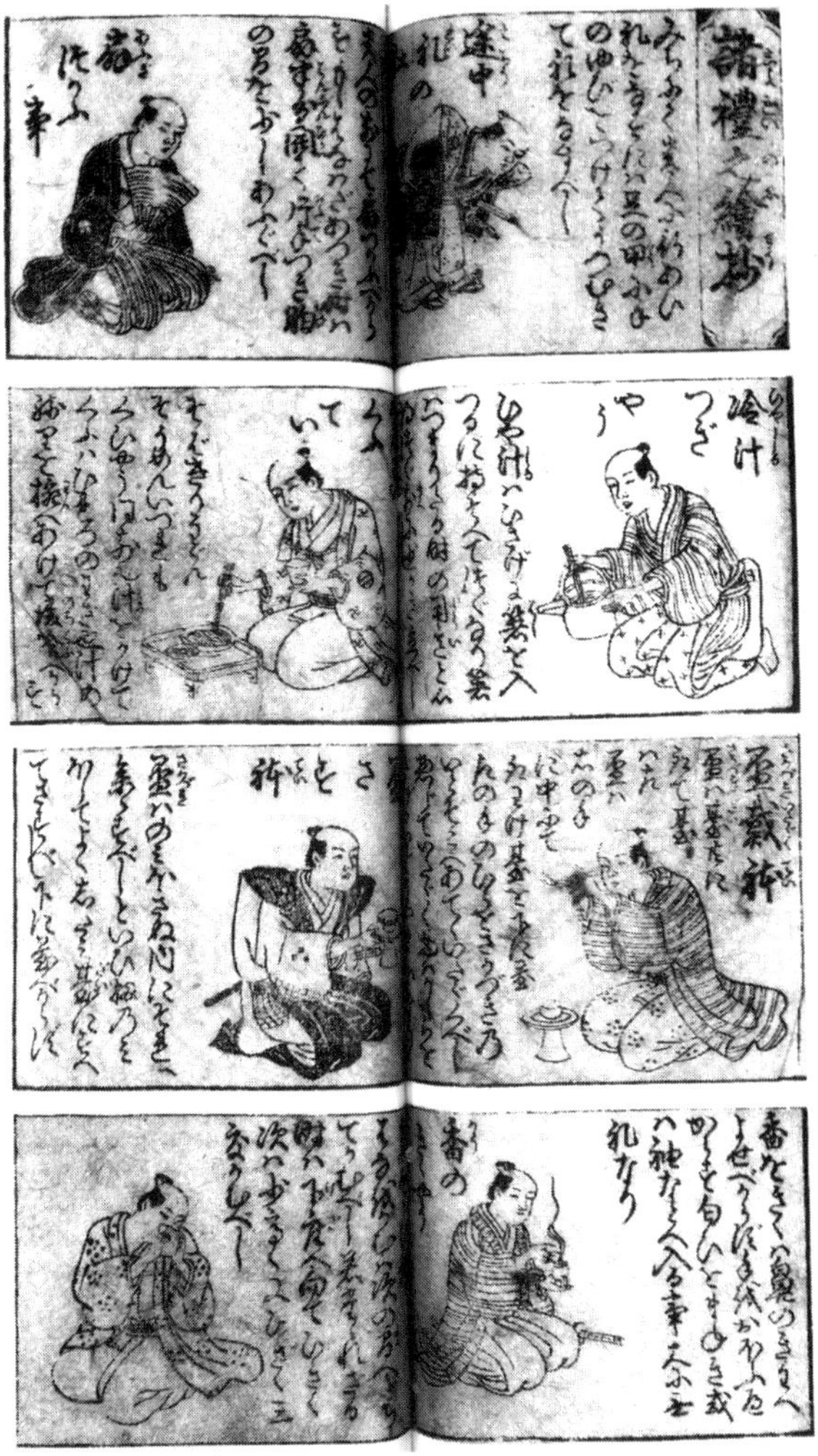

節用集のなかの礼法指南　18世紀中ごろから「小笠原流」の起居進退法が絵入りで載るようになる。上は『通俗節用集類聚寶』（安永２年／1773年版）のなかにある20数場面の一部。（京都大学人文科学研究所蔵）

「浅草寺の本堂階段をのぼる英国使節員ら」(Oliphant, 1859, Vol. 2, 国立国会図書館蔵)

一冊、町内に二、三冊といった数でも、周囲の人々も、少しあらたまる必要があればそれにたよった。「村中で節用どのと尊まれ」とは、そのころの川柳。最近の実態調査によれば、その影響力がクライマックスに達したのが、まさにエルギン伯来訪のころである。(2)

気にかかるのは、なぜ日本中が、星雲のごとき無数の「節用どの」でおおわれはじめたのかということである。そのころの日本社会が、なにか大きな変質を起こしていたに違いない。それは、武断がすたれたあとの、ゆるやかな平等意識や、つつましい個人主義の蔓延ということであった。一八世紀の初め、旗本の財津種莢なる老人が「近年の若き衆」に腹を立てている。まずヤカラの話題が気にくわぬ。やれ食いもの、損得、立身の法、やれ碁に将棋に俳諧、浄瑠璃に三味線をどう合わせるか、あるいは役者の評判がどうのこうの。命をかける「武道の沙汰」などたえて無い。刀はと見れば、鞘や金具ばかりに「物ずき」。大事のことも親類に相談せず「我侭」の処理。それもこれも、強い個性によるのではなく「当風とおもはれん事のみ」にこだわる故。女も老若ともに「遊女の真似」。マコト「器量なき」者どもの世になったワイ、と［財津、一九八一：三十〜四十］。

◆抑制型安定社会の特徴

一般に、何らかの理由で恒常性や反復性の強い抑制型の安定社会が出現すると、人の意識はどのような性格を帯びるのだろうか。これを考える国際比較研究が一九八九年から十年にわたり、京都大学の人文科学研究所と生態学研究センターが中心になり、京都府立ゼミナールハウスで進められた。そこで明らかにされたのは、各国ともこの種の安定期には共通して三つの傾向がみられることである。基本となる第一の傾きは、共同体構成員の意識の内向化。二番目に、生命価値の上昇。長生き願望や環境保護意識が強まる。三番目が、マイルドな、〝楽しみ〟願望や、〝楽〟をしたがる省エネ志向のひろまり。これは端的には、争いごとの忌避となってあらわれる。個人の好みと共同体全体の調和のためのルールや形式が喜ばれ、構成員の個性も平準化する(3)。

まさに、財津翁が歯ぎしりした「器量なし」の世は、制御がよくきいた安定社会が示す相そのものであった。そして礼法のひろまりも、自然なことに思われる。ただ、当時の日本社会の場合は、これらの傾向がやや極端にまで走ったようにみえる。たとえば第一の内向化と第三の〝和楽〟志向があいまって、少しでもゆとりのある人々がさまざまな好事《こうず》の世界に籠っている。それらは、倹約令も手伝ってか、内々では職分の違いをほとんど抹消した同志的な平等主義でささえられ、またそれゆえにこそ繊細な差異感覚でたがいの洗練を深めあっている。やがてルール化が進み、「道」の意識が深まると、膨大な隠者風の内向集団がはびこる。華道や茶道にとどまらず、家の道から色の道まである。第二の生命至上主義にも、いまのエコロジスト党以上の徹底ぶりがみられる。一連の生類憐み令や養生ばやりがそれである。日ごろの慎みに応じて神仏から長命を授かろうとの抜け目なさは、これまた第一の内向化に深く裏打ちされていたようである。

問題は、これら三つ巴の器量縮小化の核になっていた内向の質である。たしかに隠遁を説く道教の影がある。しかし道教にはない明るさや財津流の悲憤慷慨を滑稽にしてしまう軽さが、たえずつきまとう。この種の平等感覚や個人意識にささえられた気楽な精神にとっては、折々に職分や階層に応じて礼を尽くすことは、むしろ周囲を快くさせる楽しみとさえなったか。

◈キリシタン禁制がもたらしたもの

もしそうだとすれば、このような感覚は、安定社会の一般論だけでは十分説明できない。そこにはもうひとつの要素が加わっていたように思われる。〝選ばれた民〟の意識である。鎖国の眼目であるキリシタン禁制がもたらした宗旨人別改め制度が徹底するのが、ちょうど一七世紀末。起請文で神明に誓い、多数の人々の相互保証で認められるメンバーシップで塗りこめられた社会が出現する。「慥《たし》かなる者」たる四民すなわち士農工商と、かつての転向者の血脈たる「キリシタン類族」を筆頭とする「怪しき者」との戸籍上の峻別という事態が出現したことは、日本社会に極度の求心性をもたらした。そして四民、あるいはまとめて「平人」、の内とされた安心と誇りは、容易に『神皇正統記』流の神国思想と相和したようだ。その内容は、王統が「神」に由来すること、それがつづいたのは臣民の礼が厚いため、というものであった。たとえば、当時の儒者貝原益軒はつぎのように述べる。「わが日の本は、上古より神国にて、神の始めし国なれば、その生れ付、身の行い風俗、もろもろの異国に勝れたり。爰を以てもろこしよりも君子国と称し、人民豊楽にして、礼儀敦行なる事を称して諸国に異なりとす。［中略］人皆神孫なれば、天下の人たかきいやしき、心に皆神理そなはれり」［益軒会、一九一一・三、六六八］。朱子学の平等原理を加味したこの一文は、かの〝お作法ブーム〟が神国意

識とかかわりえたこと、そしてキリシタンと無縁なることを見せばやに喜びたい向きに強く歓迎されたことを思わせる。(4)

この、神国にして礼儀の国との観念こそが、その後の礼法の浸透と徹底をささえたようである。一九世紀中葉にいたる『節用集』の内容の変化が、そのことを語っている。海外渡航禁制による外国情報の抜きがたい単調さにささえられ、益軒風の考えが、より具体的なイメージをともなってだされてくる。まず、「霊峰」富士や吉野山を図示しての「神国日本」の称揚。ついで、王統を断絶させなかった「君子国日本」の自賛。くわえて、「神仙」にいたった人々が例示される。たとえ臣民の身として精進しだいで、との励まし。これはかつて宮廷にあった文の伝統、すなわち歌仙は力を入れずして鬼神を感ぜしめ天地をも動かすとの古今伝授の理念（源は『詩経』大序）が大衆化したものにほかならない。益軒は「日本のひと、死して神仏にいはれ祭られん事を願」うのは無礼なりと戒めていた〔益軒会、一九一一・三、六六九〕。その後、数世代をへて、神々と日本人はいよいよ近づいている。

エルギン伯一行が見た陽気で行儀のよい群衆は、じつは、外国人の前で「神国」ならびに「君子国」の民として、誇らしげに「礼儀敦行」を演じていたのである。もちろん使節側には来日前から日本に「文明」を期待する向きもあり、江戸町奉行も「見苦しき儀」を事前に制してはいた。しかし一行が見たのは、期待や規制だけが生みだした一時の幻影ではなかった。鎖国二二〇年が、キリシタンという異界イメージを背景につくりあげていた「文明」なるもののある一面が、あざやかに表出された一瞬であった。

注記

（1）もっとも、このような日本人論の祖型といえるものは、フランシスコ・ザヴィエルをはじめ、日本の禁教以前に希望にみちて布教したイエズス会士の報告にみられる。その滞在が戦国期であったにもかかわらず。この現象は、あるいは、渡日以前のイエズス会士のあいだに、中国製日本人論の一端が伝わっていたことによるか。日本の俗「争訟少なし」とは、『後漢書』東夷列伝が簡記して以来、『魏志』や『晋書』などを介し保たれつづけた点である。なお後考を俟つ。一国のイメージは、つねに重層的に蓄積され、形成される。ケンペルの場合、禁教後オランダ東インド会社内に保たれた右のような「祖型」を、自分の見聞で再確認し、日本人論の中心に据えるにいたったか。

（2）筆者による、一九八一年以来の節用集所蔵家訪問調査、八八年以降の残存節用集の下小口手沢相分析による。結果の一部はつぎのものに記述されている。横山 他［一九九八］。

（3）詳細は、財団法人京都ゼミナールハウス出版の各年次の報告書を参照されたい。なお、概要は横山 他［一九九六］前文に述べられている。

（4）また貝原益軒『自娯集』巻二「本邦七美説」のうち、「風俗美」の項を参照［益軒会、一九一一・二、所収］。彼の神国意識については、書物のうえでは、吉田兼倶『中臣祓抄』や渡会延佳『陽復記』が、人とのつながりでは、京都の和学者松下見林の影響がとくに注目される。

第十三章　「江戸システム」の可能性

入江　隆則

◈江戸時代に学ぶ環境政策

最近「江戸」についての関心が、さまざまな分野で高まっているのは慶ばしいことである。たとえば、江戸時代の林業政策がたいへん優れていて、世界からその実態を学びにくる人が多いというのも、ひと昔前にはほとんど考えられないことだった。しかし、いまではもうすっかり知れわたって、いまさらこと新しく書く必要がないほどになっている。これはいいかえれば、環境問題への当時の人々の意識がたいへん優れていたということだ。

日本の戦国時代から江戸の初期にかけては、いわば大開発時代で、一〇〇年ほどのあいだに人口も三倍に増え、開墾が進み、その結果河川や山林の荒廃も進んだ。そうすると幕府はさっそく政策を転換して、「山川掟《さんせんおきて》」と称するものを一六六六（寛文六）年にだして、自然保護をはかった。これは各藩で大いに推奨されて、実績をあげている。

別の場所でもいちど書いたことがあるが、秋田県能代海岸の砂防林は、今日「日本の名松百選」や「森林浴の森百選」などに選ばれるほど立派なものだが、これは自然にできたものではなくて、江戸時代にこの地方のあらゆる階層の人々が協力して、百数十年の歳月をかけて人工的に作ったものである。天和から宝暦、寛政にかけてこの森ができるまでは、秋から冬にかけてシベリアから吹きつける季節風のため、農作物が被害を受け、日常生活が脅かされていたが、被害を食い止めることに成功し、その結果がみごとな森林としてのこっているのである。

◈世界史の未来を先取りしていた「ポスト・戦争システム」

また、江戸が注目されているまったく別の例をあげると、この時代の日本人が日本列島という閉鎖系のなかで、三〇〇年におよぶポスト・戦争システムをつくりあげていたという、偉大な業績がある。

一九八八年に出版されたフランシス・フクヤマの『歴史の終わり』という書物は世界各国でベストセラーとなったようだが、そのなかに彼の師匠にあたるフランスの哲学者アレクサンドル・コジェーブが、「日本は一六世紀における太閤秀吉の出現のあと数百年に亘って国の内外ともに平和な状態を経験したが、それはヘーゲルが仮定した歴史の終末に酷似している」といったという話が記されている。
歴史の終末などというと仰々しく聞こえるが、ヘーゲルは要するに拡大する西欧世界のイデオローグだったと考えられる面があるから、ヘーゲル的時間が終わりつつある現代は、アメリカの歴史家イマニュエル・ウォーラーステインが使って以来多用されている用語でいえば、「近代世界システム」が終焉を迎えつつある時代だということにもなる。

このシステムが覇権の交代と植民地の収奪という二重の意味で戦争を内包する、残酷なシステムだったのは歴史のしめすところであって、日本でそれに相当する時代は戦国時代だから、それを終わらせたパックス・トクガワーナの三〇〇年の平和は、「ポスト・戦争システム」をいちはやく完成していたという意味で、世界史の未来を先取りしていたことになろう。

「ポスト・戦争システム」という語は、アメリカの政治学者ジョシュア・ゴールドステインの『ロング・サイクルズ―近代における繁栄と戦争』のなかに出てくる言葉で、彼は現在おこなわれている地球規模の情報革命がさらに進み、人工衛星をフルに利用した査察体制と情報伝達交換システムが整備されれば、それだけで従来の「覇権」にかなり近い力がもてるようになるだろうといっている。

彼の提言は、軍事力をやや過少評価しているという意味で空想的な面があるが、この問題はその後アメリカのジョン・コリンズとフランスのイザベル・スールベスらによって発展させられて、将来宇宙空間をたくみに利用することによって、まさに江戸時代の未来版のような、現実的な「ポスト・戦争システム」を構想しようとしている。コリンズやスールベスによると、それは地球と月のあいだのいくつかの特異点を支配することで可能になるらしい。

コリンズやスールベスの考えている未来の地球が江戸時代のようだと私が思うのは、江戸幕府が採用した転封・改易制度は、まさに最小の武力と最大の情報収拾によって権力の配分の変動を極力防ぎ、チェック・アンド・バランスの機能を最大限に発揮したシステムだったからである。どんな「ポスト・戦争システム」もこの機能が十分でないとけっしてうまく作動しないはずである。

江戸幕府は一般に想像されているほど、強大な軍事力をもっていたわけでもなく、財政が豊かだったわけでもなかった。六代将軍家宣のころには財力もほとんど底をつき、深刻な財政問題に直面していた。入ってくるものといえば各地の商業上の運上と、幕府直轄地すなわち天領からのわずかな公租だけで、しかも日本六十余州のあらゆる問題に政治的に対応しなければならなかった。つまり今日いうところの小さな政府の典型で、この意味でも江戸は未来的形態だったといえるかもしれない。

全国の権力の構造の変動が劇的に起こって、それが戦争にいたるのを防ぐために、この弱くて小さな政府が、細心の注意で実行したものこそが、譜代、外様、親藩の諸大名を、あたかも「鉢植え」のように自由自在に動かして、相互に監視させ、相制するようにさせた転封・改易のシステムだったのである。

現在、コリンズやスールベスが宇宙空間をフルに使って、監視と抑制と警戒のシステムを考えているのが、一種の江戸の知恵の現代版だといえるのはこのためである。

◈思想に柔軟性をもたらした「解釈」の時代

さて、もうひとつ江戸時代にかんして注目しておかなくてはならないのは、それがいわば「メタ言語の王国」ではなくて「解釈の王国」だったことである。

「メタ言語」の「メタ」は上位という意味だから、ここで私は「メタ言語」という言葉を通常とはやや異なった意味で使い、日常的な言語を超えた理念を意味することにしたい。そうすると二〇世紀の典型的な「メタ言語の王国」は、アメリカ合衆国と旧ソ連だったことになり、ひとつの普遍的なイデオロギーをかかげることで、それを外交と内政の道具として使ったのである。日本でも古代の律令国家は「メタ言語の王国」であって、外に向かっては中国に対抗し、内に向かっては権力の正統性を誇示するために、壮大な理念の体系をつくってみせた。

したがって「メタ言語」とは、それがないと国がまとまらない場合につくりだされる、人工的な理念体系だといってもよく、概してそれを必要とする国家は相対的に国土が広く、歴史が新しくて、いわば成立したばかりのできたての国家の場合が多い。つまり、つねに自己主張をしていないと国がもたないのだ。これと対照的なのが鎌倉幕府で、彼らは律令国家に正面から対抗する「メタ言語」をあえてつくらず、きわめて控え目なかたちで「定永式目」なる慣習法を制定して、従来の「メタ言語」

を修正しようとしただけだった。

江戸幕府のやりかたはほぼこれと同じで、鎌倉幕府、室町幕府以来の五〇〇年の政治的経験、とりわけ朝廷と幕府が権威と権力を二分するという構造がすっかり定着していたので、「メタ言語」を打ちだす必要があまりなく（といっても「鎖国」政策を一種の「メタ言語」だったと考えればやや別の観点が必要になるが）、一般的にいえば、目新しい理念を仰々しくかかげて自己主張をするのは野暮なことと考えられ、それよりはさまざまの思想の「解釈」に熱中した。

その対象は儒学、国学、歴史学、さらにはテクニカルな学問としての洋学にいたるまで、多様な分野におよんでいる。しかし「解釈」という観点からみると江戸の学者たちは、ほとんどすべて同じ方法論をもっていて、それがのちに日本のいわゆる近代化に大いに貢献したのはいうまでもない。

これも別の場所で指摘したことがあるが、日本解釈学の原点といっていいほどはっきりその心得を書いた書物は、いささか意外に受けとられるかもしれないが、宮本武蔵の『五輪書』だと私は思っている。

その基本思想は、あるひとつの「構え」もしくは「形」にとらわれるなということで、つねに流動する水のような自在な心をもてということだった。メタ言語がどんなに立派な主張をかかげていても、それに固執するとかならず誤るというのだから、これはまさにあらゆるメタ言語の否定であり、あるいはあらゆる立場の拒否という立場である。

しかしまさにこの思想があったればこそ、幕末から明治にかけての混乱期に、清朝の中国や李氏の朝鮮のように、旧来の制度に固執することなく柔軟な対応ができて、その結果国を誤らなかったのである。

◈「江戸システム」検証の意義

しかし、私が「江戸」に学ぶ必要があると思っているのは、以上述べたような個々の達成の偉大さだけでなく、それを総合した「システム」そのものが、世界がそこから学ぶべき実質をそなえていると思うからである。これを私は「江戸システム」とよびたいと考えている。

その前提には、今日の世界がきわめて早い速度で狭小化しているという事実がある。その狭い地球のうえで、近代が生んださまざまなイデオロギーあるいは「メタ言語」は軒並みに平価の切下げが起こり、「近代世界システム」を作動させるために必要と考えられた帝国とか国家とかのいわば「近代サブ・システム」と「サブ・メタ言語」も、これまた軒並みに崩壊しつつある。

日本のような国にいると、この激変の意味があまり深刻に感じられないが、それはわれわれが幸いにして、「江戸」という成熟した閉鎖空間での平和を体験し、それがそのまま近代国家として生まれ変わったという、希有の過去をもつ国家に住んでいるからである。

私はかなり前から世界はやがて「江戸化」するということをいってきたが、むろんそれがすぐ明日にも実現するといっているのではない。その前に乗り越えねばならない障害が多すぎるほどあるのはいうまでもない。

「近代サブ・システム」のひとつの極限的なかたちだった旧ソ連が崩壊して、世界が冷戦の危機から開放されたのは歓迎すべきことではあったが、その後の混迷ぶりは思いのほか重症で、ロシアとその周辺地域は、いまや犯罪と不正と停滞と混迷の見本市のような悲惨な姿をさらしている。二十年や三十年では、この地域にとても新たな秩序は生まれないと思われるほどだ。

中国の混迷ぶりもまたひどい。社会主義的・市場経済などと妙なことをいって、急場を切り抜けようとしているが、この有効性についてはふたつの見方がありうるだろう。

ひとつはそんな矛盾した立場があるはずはないから、早晩ソ連・東欧のように崩壊して、市場経済に全面的に移行するだろうという見方で、そのさいソフトランディングができるかどうかが問題だとする、いちおう理にかなった見方である。しかし別の見方もある。

それは、中国という国は昔から政治のイデオロギーと、庶民レベルの実際生活は乖離していて、皇帝と官僚は朱子学で治めていても、それと一般の商業活動とはあまり関係がない国だったのだから、社会主義的・市場経済というのはその現代版にすぎず、したがって中国の伝統に即している面があり、あんがい長くもつかもしれないというのである。私はどちらかというと後者の見方に傾いているが、いずれにせよ現在から近未来にかけての世界が、当分混迷のなかを歩まねばならないのはたしかだろう。

その混迷を乗りきる原理がすべて「江戸」から引きだせるといえば、たぶん言い過ぎになるかもしれないが、この混迷の先にみえているのは、どうも「江戸」に近いなにかだという気がしてならない。世界の人々はいま日本がなにを言い、なにをするかを、かたずをのんで見守っている。しかし日本はいぜんとしてなにも言わず、なにもしない。人間は過去の経験からかけ離れたまったく新しいことはしにくいものだ。しかし、もしこれからの地球社会の近未来をつくる要素のなにほどかが、日本人の過去の経験から引きだせるとしたら、われわれは多少の自信をもってものを言い、行動ができるのではないだろうか。そういう目論見で私はもうしばらく、「江戸システム」の可能性の追求をつづけたいと思っている。

第十四章　近世日本の主食体系

鬼頭　宏

◈江戸時代の食料貿易

江戸時代が外国に対して国を閉ざしていた時代であったことは、いまや大いなる誤解であることが明らかになった。日本人と日本の船が外国へ渡航することは、朝鮮、琉球への航行をのぞいて、堅く禁じられはしたが、幕府直轄の長崎のほかにも松前、対馬、薩摩を通じて、ヨーロッパ、東南アジア、中国、朝鮮、蝦夷地（アイヌ）、山靼などと直接、間接に交易が行われていた。この交易を通じて、日本からは主として銀、銅、海産物が輸出された。砂糖、薬種、生糸、絹織物、木綿に代表されるアジアの物産が日本へと輸入され、経済と産業発展にとって相互に大きな刺激を与えたことが指摘されている。

とはいえ食料とエネルギー資源についてみれば、江戸時代の日本が「鎖国」状態にあったことは否定できない。一七世紀に主要輸出品であった銀、銅は精錬に大量のエネルギーを必要としたが、国外からエネルギー資源を輸入することはなかった。一八世紀の中国貿易において、あわび、なまこ、ふかひれ、こんぶなどの海産物が主要な輸出品であったし、米と砂糖もまた交易品であった。砂糖ははじめ、医薬品の扱いを受けるほどの貴重な商品であった。南蛮菓子が導入され、茶の湯の普及にともなって羊羹、餡など菓子の甘味料として利用が増加するにしたがって、砂糖の利用も増え、長崎貿易、琉球貿易において主要輸入品であった。一八世紀になると薩摩藩は奄美三島から砂糖を上納させ、のちには総買入制を実施した。砂糖に対する需要増加が国外への財貨流出につながると考えた幕府は、享保期になると砂糖の国産化を奨励した。その結果一八世紀末期には讃岐、阿波に代表される砂糖産地が形成されるようになった。

米についてみれば主な貿易は松前藩を通して行われたアイヌへの輸出、朝鮮から対馬藩への輸入、琉球から薩摩への貢米上納がおもなものである。このうち朝鮮から米が不足する対馬藩（倭館）への搬入は一七世紀後半以後、京升に換算して一万石相当とされた。琉球から薩摩への貢米は一八世紀末で約八〇〇〇石とされたが、これは琉球王府に納入される米の三分の一にあたるため琉球王国内の米需要がまかないきれず、鹿児島商人によって逆輸入されたという［荒野、一九八八］。したがって琉球・薩摩間の米の輸出入量は相殺されたと見るべきだろう。松前のアイヌへの交易代り物として東北諸地域から移入される米は一七八〇年代に一万石であったとされる［菊地、一九九四］。

以上から、一八世紀後半における米貿易は実質的にゼロに等しいと判断できる。一七世紀後半から一九世紀半ばの貿易において、蝦夷地からのニシンやサケが食用海産物として重要な役割を果たすようになり、海産物が中国への主要輸出品であったことを別にすれば、食料とエネルギーの供給は自給自足体制にあったといってよい。

◈幕末・明治初期の食料供給

江戸時代後期の食料供給は圧倒的に穀物中心であった。天保期長州藩と明治六年飛騨国の物産リストから一九世紀の食生活を復元した五島淑子によると、一人一日当り食品供給量はそれぞれ、七六五グラムおよび六七六グラムであった。熱量に換算すると一八六一キロカロリーおよび一八五〇キロカロリーである［五島、一九九〇］。

全食品に占める穀類の重量割合は長州で八六％、飛騨で九〇％であった。動物性食品を摂取していなかったわけではない。海岸線をもつ長州ではイワシを筆頭に六十種以上の魚介類とクジラ、イノシシ、シカ、キジなど十一種の鳥獣が計上されているが、動物性食品の供給量は重量で二％、タンパク質でも六％でしかなかった。山国の飛騨ではウグイを筆頭とする二十四種の淡水産魚介類とイノシシ、シカ、カモシカ、カモ、キジなどの鳥獣十五種が記載されており、動物性食品の供給量は重量で三％、タンパク質では五％であった。このように海をもつ地域でも、山間地域でも動物食品の供給は、種類は豊富であったが、食品としての地位は高くなかったといわなければならない。

穀物を中心とする栄養体系は明治期の生産統計から、全国的に共通するものであったと推測できる。速水佑次郎・山田三郎によると一八七四―七七年の一人一日当り摂取熱量は一七五八キロカロリーと推計される［速水、一九七三］。これは一九五〇年代のフィリピンの水準に近い。このうち九五％、一六六二キロカロリーが主食（穀類・イモ類・豆類）から供給されていた。発掘された人骨から推定される江戸時代庶民の平均身長は成人男性で一五七センチメートル、女性は一四六センチメートルであったとされる［鈴木、一九八三］。徴兵検査の結果が示す一八八三―九二年の男性平均身長は一五六・五センチメートルであるから、明治初期の体格は江戸時代と変わっていない。一九〇〇年の一七歳男性の体重（文部省調査）は五〇・〇キログラムである。幕末・明治初期の成人男子の体重をこれで代表させるとすると、最低限必要な基礎代謝量は二〇〇〇キロカロリーと計算される。国連食糧農業機関（FAO）の設定する基準では、栄養不足の限界（低位充足摂取レベル）は基礎代謝量の一・二倍とされる。したがって幕末・明治初期の成人男子が栄養不足から免れるには二四〇〇キロカロリーを必要とすることになる。

一八七四―七七年の一人一日当り一七五八キロカロリーは少ないようにみえるが、生まれたばかりの赤ん坊から高齢者までを含む全人口の平均値である。そこで人口の年齢構成を考慮して二十―二十九歳の成人男子を基準とする消費単位当りの摂取量に換算してみると、約二三〇〇キロカロリーとなる。これでもまだFAO基準では栄養不足になってしまうが、速水・山田推計は生産統計に基づくものであって野生動植物は計上されていない。焼畑生産物もかなり過小評価されているともいわれる。したがって日本人の栄養摂取量が長州と飛騨並に一八五〇ないし一八六〇キロカロリーはあった可能性は高い。そうであるとすれば幕末・明治初期には、国民的レベルでは栄養はほぼ充足されていたとみてよいだろう。

◈主食物の生産と消費

穀類とイモ類、豆類は、たしかに栄養供給の大部分を占めていたという点で、主食（staple food）と呼ぶにふさわしい地位にあった。そのなかでも米の占める地位は高かった。明治七年の三府六十県の生産物を調査した『府県物産表』によると、全国の米の生産量は二五九一万石、金額では一億四〇〇万円と全生産物のなかで最大であった。過小報告を加味して推計した『長期経済統計』によって同年の一人一日当りの主食物供給量（生産量）を計算すると六四三グラムであった。そのうち米は三六九グラムで、全主食物に対する割合（米食率）は五七％となる。（表1）。

もっとも生産量のすべてが主食として食べられたわけではない。飼料、種子、加工原材料として用いられた部分が少なからずあった。これらを差し引いて飯用として用いられた分を計算すると一人一日当り四三一グラムであり、米食率は六一％へと上昇する。また酒、味噌、醤油、菓子などの加工食

表1　幕末・明治初期における主食物供給量（推計）

（1人1日当り，グラム）

	全　国（1874年）			長州藩・山口県		飛騨国
品　　目	生産量	全食品	飯用	1840年頃	1887年	1874年
コ　メ	368.8	318.4	264.1	279	312	284.9
コムギ	23.1	18.5	14.4			46.8
オオムギ	49.0	35.0	29.7	142	169	32.0
ハダカムギ	42.1	34.6	30.7			—
ア　ワ	17.4	10.9	8.8			5.0
キ　ビ	1.6	1.0	0.8	7	5	0.3
モロコシキビ	1.7	1.0	0.8			—
ヒ　エ	5.5	3.4	2.8	6	1	104.9
ソ　バ	7.1	4.4	3.6	17	11	4.5
トウモロコシ	0.4	0.2	0.2	—	—	—
ダイズ	23.89	20.3	1.5	14	13	19.4
アズキ	5.1	4.7	2.2	5	5	—
サツマイモ	95.3	73.3	70.3	60	134	—
ジャガイモ	2.3	1.4	1.4	—	—	6.5
合　　計	643.3	527.1	431.3	530	650	504.9

出所：鬼頭宏「近世日本の主食体系と人口変化」（速水融・斎藤修・杉山伸也編）『徳川社会からの展望——発展・構造・国際関係』同文舘，1989年）表3-1

注1）全国の生産量は梅村又次ほか『農林業』長期経済統計9，東洋経済新報社，1966年，による。全食品と飯用は篠原三代平『個人消費支出』長期経済統計6，東洋経済新報社，1967年，により筆者が計算した。全食品は生産量から種子・飼料・食品外加工用・損耗を控除し，食品加工用を含む。

2）長州藩・山口県は西川俊作「移行期の長州における穀物消費と人民の常食」（『三田商学研究』25号，1982年）表6による。

3）飛騨国は藤野淑子「明治初期における山村の食事と栄養——『斐太後風土記』に分析を通じて」（『国立民族学博物館研究報告』7巻3号，1982年）表3による。ジャガイモの欄はイモ類・シロイモ・ハタケイモの合計である。

品として摂取された分も含む全主食物は五二七グラム、その米食率は六〇％であった。

幕末の長州藩では米食率は五三％であった。一八八七年の山口県では四八％とさらに低い。もっともこの低下は米そのものの摂取量が減少したのではなく、他の主食物の量がより増えたことに起因している。また、長州・山口の推計では米以外の作物については加工用の消費を控除しておらず、生産量がそのまま計上されている。そこで加工品原料にまわされた分を全国推計で用いた係数をあてはめて控除して推計してみると、幕末の長州も明治初期の山口もともに六〇％を超えるので、飯用としての米食率は全国平均並かそれ以上であった可能性がある。一方、山国で米の自給ができないために国外から移入しなければならなかった飛騨では全生産量における米食率は五六％、米も含めて加工原料分を控除した飯用の推計米食率は五二％となる。

長州・山口と飛騨を比較すると米食率に較差がみとめられるが、その他の食品の構成についても違いがめだつ。たとえば飛騨では長州・山口よりも麦類の比重が低いのに対して、雑穀、とくにヒエの摂取量がひじょうに大きい。さらに飛騨ではサツマイモは計上されないが、ジャガイモがあるという具合である。江戸時代は市場経済が発達した時代であり、なかでも米は最も主要な商品として流通したが、日常の主食はその土地の生産物に強く依存していたといえそうである。この点について明治初期の統計から明らかにしよう。

◈主食の多様性

江戸時代において一般に、成人男性の一人扶持は一日につき白米五合、女性と幼老者は三合とされた。当時の年齢構成を考慮すると男女、幼老こみの一人当りでは三・三合、一年では一・二〇五石となる。一八七九年の国債局調査によると、一人一年当りの米消費量は市街地で一・二一八石、郡村では〇・七六一石であったと報告されている。すなわち市街地では江戸時代の基準を満たしているのに対し、郡村では四〇％ちかく不足していたことを示している。この不足は麦類、雑穀、豆、イモによって満たされなければならなかった。

一八八〇年に内務省勧農局は全国町村の主食調査を行い、国別に「人民常食種類比例」として公表している。この調査で対象とした主食物は「米、麦、粟、稗、雑穀、甘藷、里芋、蔬菜、木の実、昆布」の十種であった。全国平均値をみると米五三％、麦二七％、雑穀（粟・稗・雑穀）一四％、甘藷・その他六％であった［鬼頭、一九八六］。この数値が重量比によるのか、あるいは容積比であるのかあきらかにされてはいない。先の長期経済統計による一八七四年の米食率（重量比）を容積比に換算すると、加工原料を含む全食品で六二％、飯用では六四％になる。いずれにしても生産統計から推計された数値と、主食調査の結果とのあいだには一〇ポイント以上の誤差があったことになる。誤差の理由としては主食調査が主観に基づくものであることと、町村人口および国別人口でウェイトづけをせずに単純な算術平均値であることが推測される。ここではそのような問題のあることを指摘しておくにとどめて、主食構成における地域差をみることにする。

便宜上、十種の主食物を米、麦、および粟以下八種を「ザッコク」としてくくって三分割したうえで、それぞれの構成要素の割合の平均値と標準偏差を用い、大きく七つの類型に分けることとした。その分布は図1に示したとおりである。

Ⅰ型は米食のウェイトが高い米中心型である。伊賀、伊勢、志摩と東北、北陸を中心に十一ヶ国が含まれる。考察の対象からはずした北海道も高い米食率（八五％）の地域である。麦食のウェイトの高いⅡ型の麦卓越型を示すのは上野、美濃、尾張、和泉、備前、備中、讃岐、阿波の八ヶ国である。Ⅲ型は雑穀・イモなどが五〇％を超えるザッコク卓越型で陸中、対馬、肥後、薩摩のわずかに四ヶ国であるが、いずれも二〇世紀中期になっても焼畑農家率の多い地域である［佐々木、一九七二、第一図］。さらに対象に含めなかった琉球がある。ここは甘藷だけで九二％、雑穀を入れると九四％という最高の非米食地域である。Ⅳ型は米を麦が補完する米・麦型で二十三ヶ国が含まれる、もっとも普遍的な類型である。分布はおもに房総半島、伊豆、三河、瀬戸内海東部地域がこれに属する。Ⅴ型は米をザッコクが補完する米・ザッコク型で、東北南部から北陸、そして九州を中心に十ヶ国が含まれる。これらも焼畑農家率が高い地域である。Ⅵ型は総合型で、とくにどれが突出するというものではないのであるが、相対的な優位性で米優位（十一ヶ国）、麦優位（二ヶ国）、ザッコク優位（二ヶ国）

図１　明治初期における主食摂取のパターン

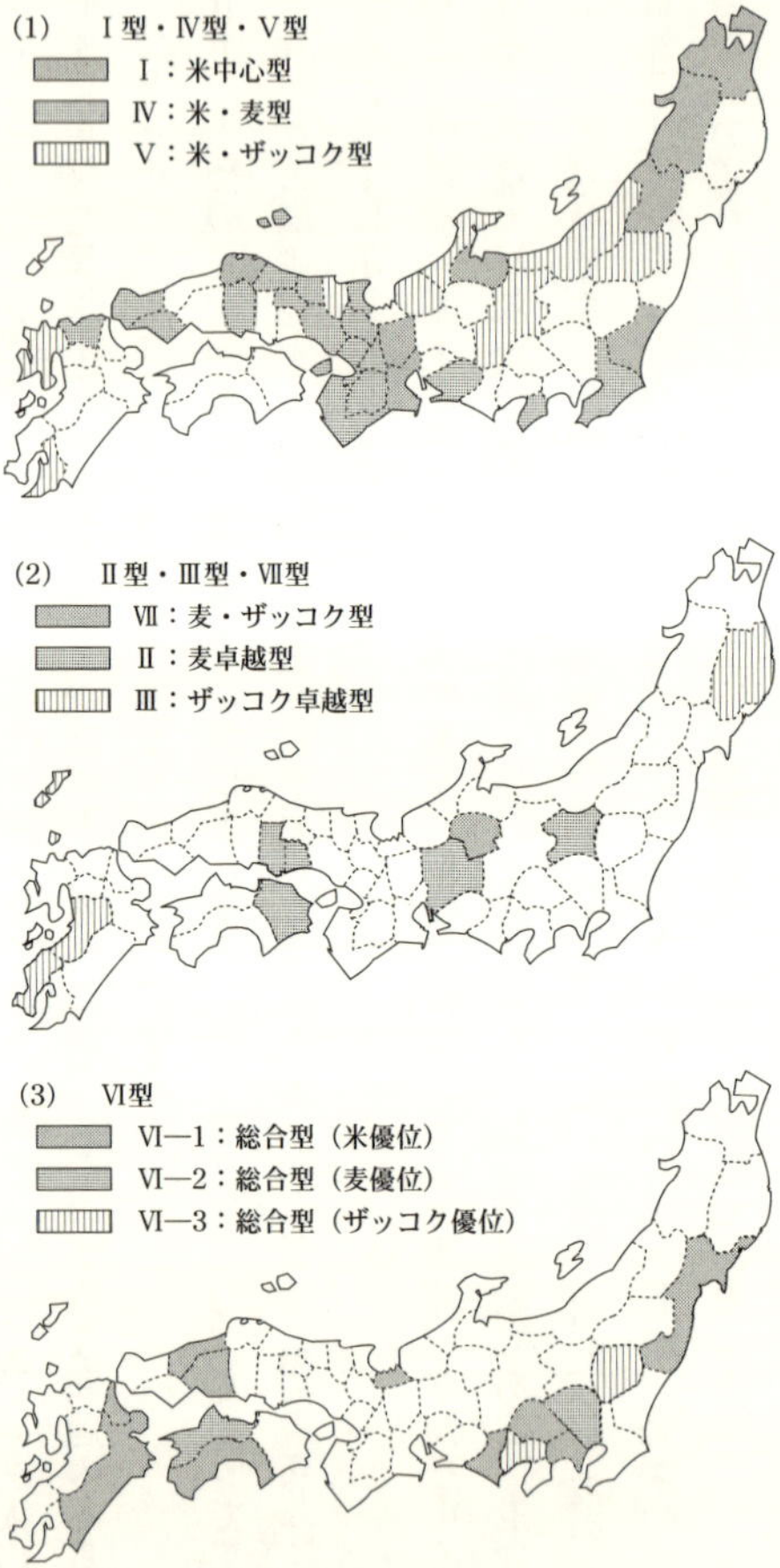

Ⅰ型：米中心型　米食率70％以上
Ⅱ型：麦卓越型　麦食率50％以上
Ⅲ型：ザッコク卓越型　ザッコク食率50％以上
Ⅳ型：米・麦型　米食率70％未満，麦食率20～50％，ザッコク食率20％未満
Ⅴ型：米・ザッコク型　米食率70％未満，麦食率20％未満，ザッコク食率50％未満
Ⅵ型：総合型　米食率30～60％，麦食率20～50％，ザッコク食率20～50％
Ⅶ型：麦・ザッコク型　米食率30％未満，麦食率20～50％，ザッコク食率20～50％

（出所）鬼頭宏「明治前期の主食構成とその地域パターン」『上智経済論集』31巻2号（1986年）。

（資料）「人民常食種類比例」（明治13年）梅村又次ほか編『長期経済統計13・地域経済統計』（1983年）。

に分けられる。おおむね東北から関東を経て東海に連なる地域と、瀬戸内海西部の中国、四国、九州にまとまって見られる。Ⅶ型は麦・ザッコク型の非米食地域である。わずかに飛騨と壱岐の二ヶ国にすぎない。

主食構成のパターンを決定したのは第一に各国の生産構造であった。一八七七年の「全国農産表」による各種主食物の一人当り生産量と各種主食物の割合は、全国的に見れば有意な相関を示していることからも、このことはいえる。たとえば米の一人当り生産量が高い地域は陸中を除く東北地方から北陸、西日本ではおおむね近畿と瀬戸内海沿岸東部に分布する。麦類はあきらかに冬季の積雪が少ない地方、すなわち関東から東山を経て濃尾へ連なる地域、そして瀬戸内海沿岸地域に集中している。雑穀は陸奥、陸中と関東・東山地方、甘藷は南関東のごく一部と三河以外は、ほとんど四国と九州に集中していた。

しかし主食構成を決めているのは生産量だけではなかった。都市地域、半島、それに北海道など、主食を自給できない地域では米が移入されて米食率が高くなる傾向があったからである。また商品として米が移出され、しかも手近に代替食料をえられるところでは、生産量の割に米食率は低下した。

民俗学者宮本常一は「日本人は昔から米ばかりを食べてきたように思っている人が多いけれども、そうではなくてそれぞれの土地で出来たものを食べることが多く、むしろ雑食であったといっていい」と述べている［宮本・潮田、一九七六］。米という単一の作物に依存することはむしろ特殊であって、近代以前の日本人の食事はむしろその土地でできる作物を多く取り込むのが常態であった。しかもそれはたんに米が不足するからやむなく他のものを食べざるをえなかったというのではなく、市場、嗜好、食文化にも作用されていたと見なければならないであろう。

◈「産物帳」に探る享保期の主食

一九世紀後半における主食の構成はいつごろ形成されたのであろうか。水田面積と人口から米の供給可能量を検討してみよう。幕府調査によると享保期（一七二一年）の水田面積は一六四・三万町歩、人口は二六〇七万人であった。人口は年齢や階級による除外と脱漏を含んでいるから、これを仮に調査人口の二割として、総人口を三一二八万人とする。反収を一・二石とすると生産可能量（玄米）で一九七二万石となるから、一人当り石高は〇・六三石となり、一八七四年の水準の八六％程度であったことになる。天保期（一八三〇年）には水田面積二一二・三万町歩に対して、人口は三二六四万人と推定される。土地生産性の向上を考慮して反収を一・四石とすれば米の生産可能量は二九七二万石、一人当りにつき〇・九一石、反収を享保期と同じ一・二石とすれば生産量二五八四万石、一人当り〇・七九石となる。このような単純な比較からも、天保期には明治初期の米食水準は達成されていた可能性があるといってよい。

幕末の長州と明治初期の山口を比べると、米食率は半世紀間にむしろ低下していたことは先に見たとおりである。しかし一人当り米供給量は増加しているし、「農事統計表」が示す米食率は一八六〇年四七％、一八七〇年五〇％であったから、幕末から明治にかけての半世紀の間に米の供給が増加し、米食率も向上したといわなければならない。もっとも、一八六〇年と七〇年の米食率は直接調査されたものではなく、過去に遡って聴き取りされたものであるから、維新前には米が食えなかったと考える傾向がバイアスとして働いた可能性もある。文政期以後、新田開発のブームが起きたことは事実である。しかし人口もまた増加に転じた。酒、醤油、菓子の需要も増大したであろうことは、これら食品産業の盛況から推測することができる。中小都市を中心にした都市人口の増加も、米に対する需要を増大させただろう。そのように考えると、天保期の米食率は明治初期の水準に近かったと推測することが許されるであろう。

享保期の一人当り米食可能量は明かに明治初期の水準を下回っている。しかし酒造米など加工品への利用と反収の仮定いかんでは、かなり接近した水準に達してしたといえるかも知れない。このころには一七世紀には頻繁に出された酒造米高制限に関する法令もなくなり、米価が長期低落ないし安定するようになったこともそれを裏付けている。寛文・延宝期以後、農民貸借における穀物の授受や米穀販売がさかんになり、年貢貨幣納の増加とそれにともなう畑方生産物の増加が見られることは、農民の米食と年貢余剰米の一般的成立を物語るという見解がある［中井、一九六一］。元禄から享保期にかけて、米の搗精度が高まり白米食が普及したという指摘もあるから、一八世紀初頭までに江戸時代後期にみられる主食構成が形作られつつあったと見てよいのではなかろうか。

それを示唆するのは享保・元文期につくられた諸国の「産物帳」である。この調査は、幕府の採薬使である丹羽正伯によって一七三五年に着手され、三年後には全国諸領から報告書が提出されたという。求められた調査項目は、穀類、菜類、菌類、瓜類、果類、木類、竹類といった植物、魚類、貝類、鳥類、獣類、虫類、蛇類といった動物、食用動植物、金石土類といった鉱産物と、工業加工品を除くあらゆる土産物にわたっている。物産帳に記載された主食物（米、大麦、小麦、粟、稗、蜀黍、ハトムギ、蕎麦、甘藷）の品種数の構成比率を調べてみると、明治初期の主食構成に共通する傾向を示していることがわかる。全国三十三地域の主食作物の品種数（のべ数）は八〇三七で、そのうち米三六八三、麦一五〇四、雑穀（粟から蕎麦まで）二八二〇、甘藷二十であった。構成比率は米四六％、麦一九％、雑穀（粟から蕎麦まで）三五％、甘藷〇・二％となる［鬼頭、一九八九、表三―二］。

一八八七年の「人民常食種類比例」と比べると、著しく雑穀品種の比重が大きく、その分、米と麦の品種割合が低下している。特に麦の割合が低いことが特徴的である。残された資料に偏りがあるとも考えなければならないが、それよりも水田裏作による麦作の普及が低いこと、米麦には広く普及した品種が多かったのに対して雑穀では局地的に限定した品種が多かったのでないかと考えられること、水利の普及が低く山畑が多いことが雑穀への傾斜を強めていたことなどが理由として考えられる。なお甘藷の品種数が著しく少ないのは、青木昆陽らを用いて幕府が甘藷の全国的な普及を実施するのが、まさに享保期であったから、主食としての甘藷の地位はこの時期にはまだ確立していなかったためである。しかし資料の残存した地域について、産物帳の各種作物の品種数と明治期の主食構成比率、および生産量とを対応させてみれば、全般的に強い相関を示すから、一九世紀の主食体系の原型はすでに享保期には成立していたといえる。

◆近世日本の主食体系の形成と変容

日本の米食については、二つの相矛盾する常識、ないし神話が一般に受け入れられている。そのひとつは、日本人は二千年来の米食民族であるというものである。もうひとつは、それにもかかわらず江戸時代の多くの農民が米を作りながらも、それを年貢として取り立てられ、農具や肥料購入のために販売し、借金返済に宛てなければならなかったので、満足にたべることができなかったというものである。

前者はもちろん、弥生時代以降の稲作農耕が日本の農耕文明の基礎をなしていることをのべている。米を主要な食料資源とするようになってから、日本列島の人口が驚異的に増加したのは周知の事実である。少なくとも二〇世紀前半までの二千年間、人口増加の歴史は水田開発の歴史でもあった。米と日本人の関係は切っても切れない関係をもつようになったと信じられているのだが、それなのになぜ第二の常識もまた、根強く定着しているのだろうか。その根拠はつぎのようなところにある［鬼頭、一九八三］。

その一つは、農民は無闇に米を常食してはならないとする幕府、諸藩の法令にある。第二に同時代の役人や文人が、田方の百姓は雑炊にして米を食べることはあっても、山方、野方では正月でも米を口にできないところが多かったという記録を残しているからである。事実、大正期になっても内務省衛生局「全国主食物調査」（一九一七年）は村落部には粥食、雑穀食、カテ飯の習慣が広く分布していたことを伝えている。日本人が国民的な規模で白米を常食するようになったのは、太平洋戦争中に配給米制度が行われるようになった昭和十七年頃からであるという［宮本・潮田、一九七六］。

米は最大の年貢物として、最大の商品として流通し、江戸時代後半には主食の六割を米が占めるようになっていた。あきらかに米は主食の地位にあったといってよい。しかし江戸時代のひとびとのすべてが米を主食として常食していたわけでないということも事実であった。米のもつ栄養価、味覚が評価され、しかも米が身分や都市生活と結び付けられて高級財としてのイメージを植えつけたのであった。贅沢な財の見せびらかしの消費とでもいえる現象が、都市化や一般的な生活水準の上昇にともなっておきたのではないだろうか。そのことが、かえって米を食わないこと、米を食えないことを不幸に感じさせ、米食へのあこがれを強くもたらしたのであろう。

小山修三と五島淑子によれば、日本列島における主食の歴史は人口の波動と関連していた［小山・五島、一九八五］。狩猟採集経済の縄文時代には堅果類と河川を溯上する魚類が主要な食糧資源であった。第二の人口波動が生じた弥生時代から一二、三世紀までは主食が米に収斂した時代、一四、五世紀から江戸時代は米に加えて雑穀への拡大が行われた時代、そして一九世紀以降はサツマイモが加わって、現代への多様化へ向かう段階であるという。

江戸時代に主食物となった作物は四つのカテゴリーに分けることができる。第一群は農耕以前の野生植物で、縄文時代以来の伝統を受け継ぐクリ、ドングリ、クルミ、トチなどの木の実（堅果類）とクズ、ワラビ、ユリ、ヤマイモなどの根または地下茎を食す植物群である。これらは江戸時代に、一部は菓子材料に用いられ、多くは非常時における救慌作物とされた。第二群はアワ、ヒエ、キビなど、日本の栽培植物の最古層をなす作物群である。これにソバ、モロコシ（コウリャン）、ダイズ、アズキなどが加わって雑穀を構成する。第三群はおもに弥生時代以降の農耕の伝統を引く作物であり、コメ、オオムギ、コムギが構成する。第四群は近世になって渡来したサツマイモ（甘藷）、ジャガイモ（馬鈴薯）、トウモロコシである。サツマイモははやくから西南日本で普及して人口支持力を大きく上昇させた。ジャガイモとトウモロコシの普及は遅く、明治以降に栽培面積が拡大する。

文明のどのような要素にも当てはまることであるが、江戸時代の主食体系は古い地層の上に新しい堆積物をのせて形成されている。しかしある場所では浸食作用を受けたり、地殻変動によって古い地層が表面に現れることもある。稲作以前の古い伝統を脈々と受け継いできたところもあれば、人口増加によって低湿地、台地、山間部へと居住圏を拡げていく場合に、米以外の作物を主食として選ばなければならない場合もあった。しかし大麦、小麦、粟、蕎麦、大豆など、米以外の主食物の栽培の拡大は米を食えない不幸を増幅したのだろうか。そうではあるまい。うどん、だんご、まんじゅう、菓子、きりそば、納豆、豆腐などさまざまな伝統食品をうみだし、普及させることになったのである。

江戸時代に、むしろ日本の食卓は多彩になったといわなくてはならない。江戸時代の主食体系は米を中核としながらも、それぞれの土地の自然条件や文化的伝統と結び付いて多彩な構成をもつものであった。厳しい身分制と列島内部で食料を完全自給するという体制のもとで、海外からの技術や新種作物を導入し、人口増加によって新しい環境へと居住圏を拡大していく過程で、主食は多様化を遂げたのである。

＊本章は「江戸時代の米食」(『歴史評論』八十九号、一九八三年四月号)にその後の成果を付加して大幅に改稿したものである。

第十五章　鎖国が生んだ資源自給のシステム

内田　星美

◈日本という条件のなかで

食料・エネルギー・原料資源のほとんどを海外に依存している現代とはまったく対照的に、鎖国体制下の江戸時代の日本は、国内資源のみを利用した自給自足経済であった。

もちろん鎖国という政策がなくても、交通・商業等の技術または社会システムが未発達な時代には、農家ごと・村落単位あるいは国単位で自給自足せざるをえなかったが、江戸時代の自給経済の特徴は、鎖国体制のなかで国の地理的条件を最大限に活用する独自の技術を発達させ、それによって人口の増加、商工業の拡大、物質文明・精神文化の繁栄を達成したことである。

日本の自然条件は、平地は少ないが、海洋にとりまかれ、日光と雨量にともに恵まれ、厳寒や酷暑の期間はかぎられており、鉱物資源の埋蔵も量的に多くはないが比較的バラエティに富んでいた。これらの地理的条件を十二分に生かして、土地利用・労働投入・技術の一種の最適化がおこなわれたのである。その中心をなしたのが、世界最高の単位面積当たりカロリー収量をあげた水田稲作農村であった。

◈農村のクローズド・システム

江戸時代初めの日本の人口は約一五〇〇万人で、すでに当時のヨーロッパのどこの国よりも多かったが、江戸時代二六〇年のあいだに人口は三〇〇〇万人まで倍増した。これは、米を主とする食料供給の増加があったからである。その食料は、世界史上に比類のない農家(農村)の資源の徹底的な循環利用(クローズド・システム)から生みだされた。

江戸時代の農村における系外からの資源(エネルギー)のインプットは、日光および雨水という天の賜物がほとんどで、それに少量の鉄と塩が他系から入っただけである(図1参照)。

雨水は灌漑水路という人工の設備をへて重力で水田に供給され、日光のもとで稲が成熟する。収穫された稲は、人力または水力を用いて米と糠《ぬか》と藁《わら》とに分けられるが、この三部分がすべて資源化された。藁は、壁土への混合・ムシロ・屋根の葺材などの住宅資材として、また縄・俵・かますなどの包装材として、あるいは草履・雪沓・簑などの服装材料として多面的に利用される日本独特の重要な材

図１　農村のクローズド・システム

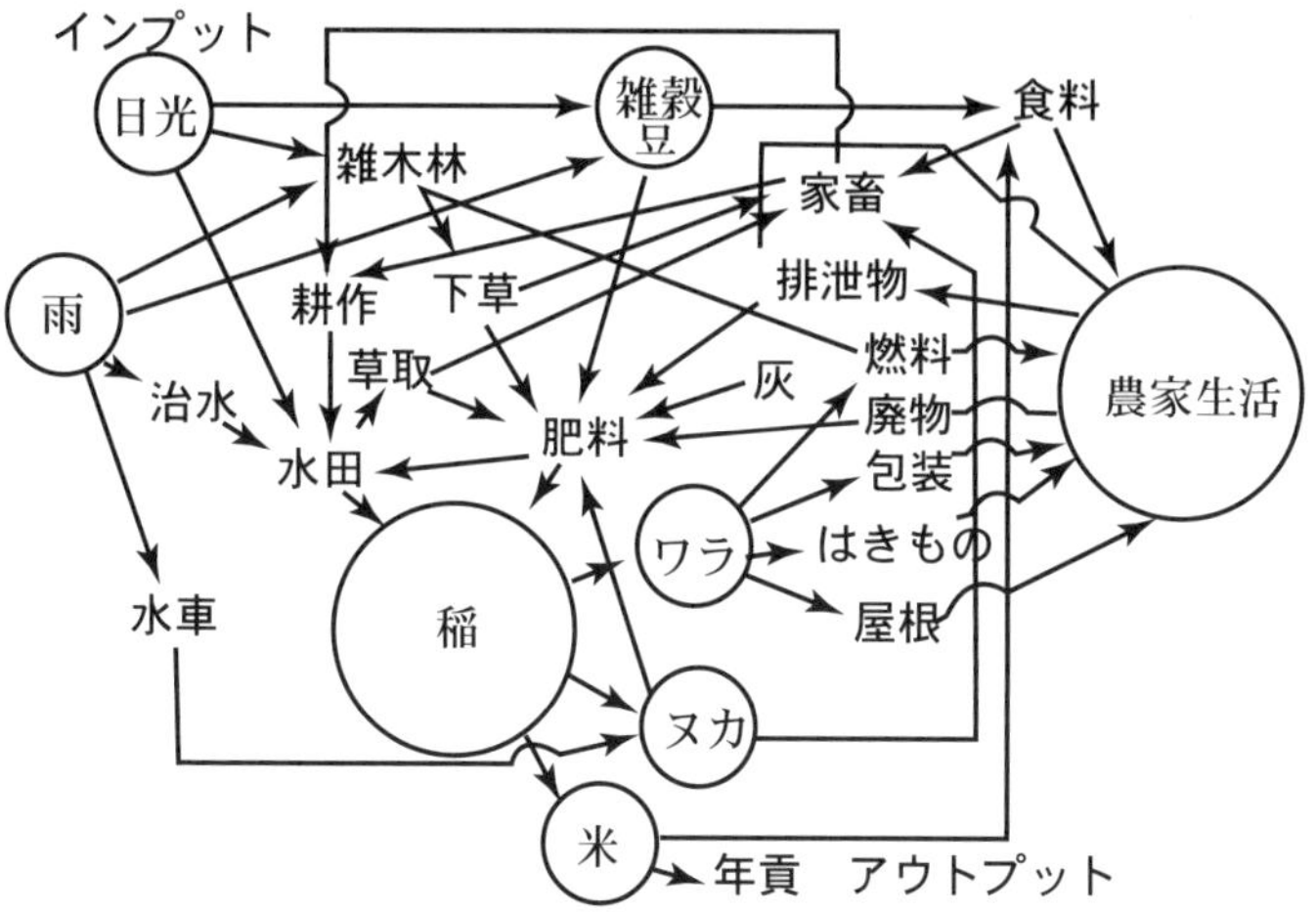

料であった。水田の裏作や屋敷まわりの土地は畑作に利用され、やはり日光と雨とをインプットとして、雑穀・芋・豆・野菜類が栽培され、これから味噌や漬物も自家生産されて、農家の食事の栄養構成を豊富にした。豆と雑穀は、草や糠や藁とともに、耕作・運搬の動力である牛馬の飼料にもなった。

雑木林や竹藪は、家屋や生産資材を自製したりするための材料であると同時に、藁の残余とともにいろり・かまど・ふろに焚く自家燃料であった。これも雨と日光と気温に恵まれた風土の賜物である。とくに竹の用途は、江戸時代の日本において極限にまで開発されたと考えられる。

田畑の地力を維持するためには肥料の投入が重視され、あらゆる副産物・老廃物が肥料資源として利用された。家族および家畜の排泄物、田畑や林の栽培植物保護のために抜き取り刈り取った雑草、藁製品の廃物などは、すべて下肥・堆肥・刈敷などの形態で施肥された。薪や藁を燃料として利用したあとの廃物である灰も、貴重な肥料として利用された。かくして、外部に産業廃棄物や生活廃物として捨てられるものがひとつもない、完全な資源リサイクルが実現したのである。

以上のような、日光と雨水という自然のインプットだけに依存する稲作農村のクローズド・システムは、日本独特の高度に発展した資源利用体系であった。このシステムは、鎖国経済下に形成されたものであったが、開国・維新とともにただちに崩壊したのではなく、工業化する日本経済の基底に存在しつづけて、一九五〇年代に農薬、化成肥料、農業機械、石油ガスなどが外部から農家に浸透するまで残存していたと考えられる。

江戸時代の稲作システムのすごいところは、アウトプットである米を系内で消費してしまわずに、相当部分を年貢のかたちで系外に供給していたことである。四公六民といわれる年貢の米は、総人口の約一割にすぎない武士階級が全部食べていたのではなく、大坂・江戸、その他の都市の米商人（札差）に売り渡され、めぐりめぐってつぎに述べる山村・海村、あるいは都市の商工業・農村工業・輸送などの産業に従事する人口を扶養し、その結果多彩な経済・文化を発展させたのである。

図2　拡大したクローズド・システム

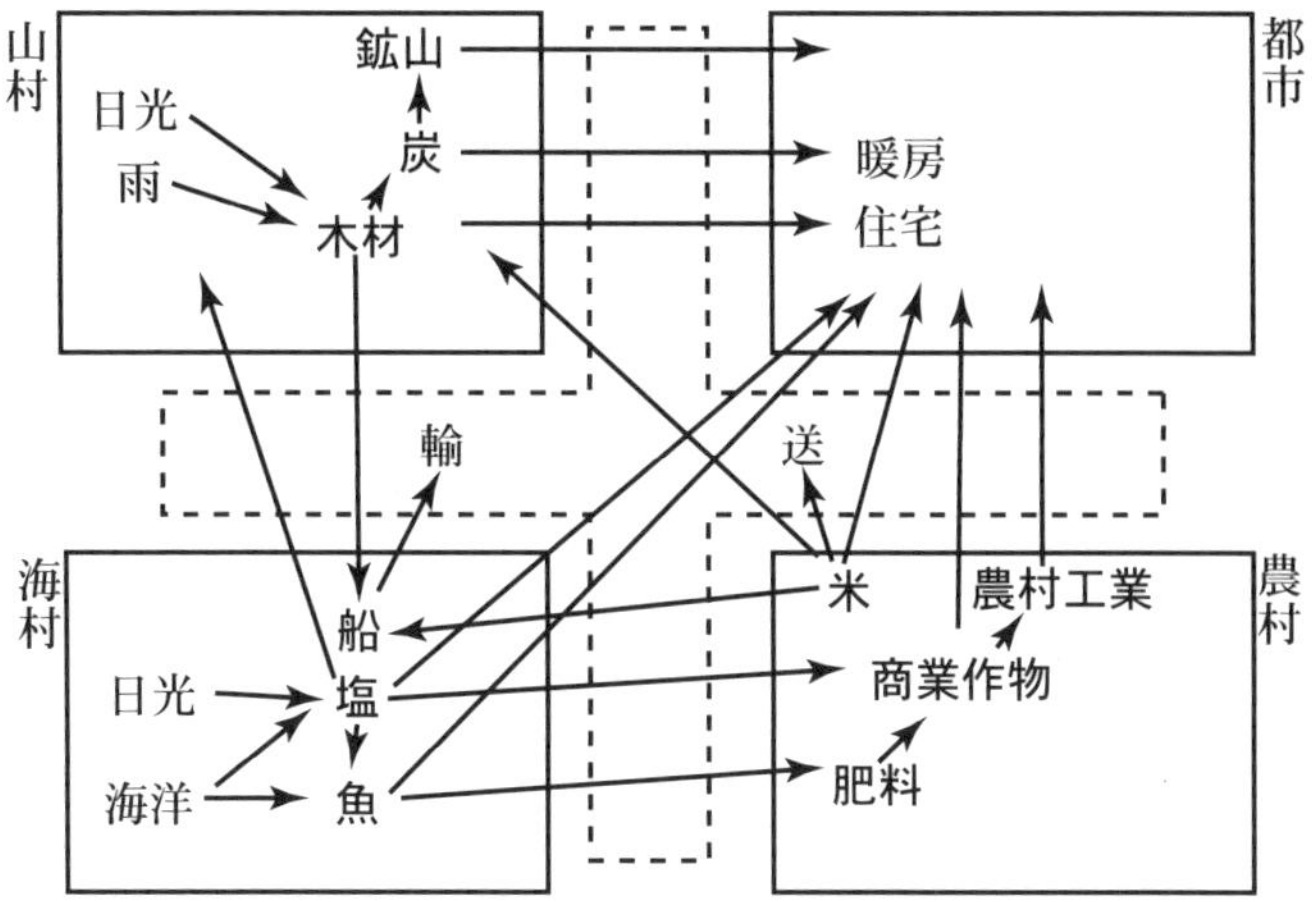

◇山村・海村へと拡大するクローズド・システム

山地が多く、四面海にかこまれた日本の地理的条件のもとで、平地の農村以外に、山村と海村という独自の生活様式が歴史的に形成された。その違いは柳田国男などの民俗学者によってつとに注目され、最近では中世史家の網野善彦も強調しているところであるが、それぞれの独自の性格が確立したのはやはり鎖国下の江戸時代だと考えられる。農・山・海村に、幕藩体制下に発展した諸都市をくわえると、江戸時代の日本には四種類の経済セクターがあったことになる。

　これらの四セクターは、それぞれ独自に存在していたのではなく、それぞれのセクターの産物が相互交流して、多様な産業を生みだし、日本経済を豊かにした。鎖国下の国民経済としては、拡大されたクローズド・システムであった（図2参照）。

山の多い日本では、山村はいたるところに存在している。現代では過疎地の代表になっているが、江戸時代においては山村の生産物は経済の発展の重要な構成要素であった。山村の主要な資源は、日光と雨で生育する山林と、地下に埋蔵されている鉱物である。木材は都市に送られて住宅および公共建造物の主要な資材となり、また海村に送られて造船の材料となる。年々成長する木は、山村のなかで焼かれて木炭となる。木炭は都市に送られて暖房厨房の燃料ともなるが、産業用燃料としても重要で、山村地帯に存在する鉄山や非鉄金属鉱山の精錬用燃料として大量に消費された。また、薪炭は各地の山村（または山村と農村の境界地域）に発達した陶磁器産業の窯でも燃やされ、海村に送られた薪は塩田の煮詰に役立った。

全国の山地に原生していた雑木林を杉・檜を主とする人工林に変え、また年々の伐採に見合う計画的な植林をおこなって長期的に森林資源を温存する林業も、江戸時代に確立したというのが定説である。現在、われわれが美しい山の自然と思って見ている森林は、じつは鎖国時代において人工的につくられたものなのである。

林業資源はそれ自体各種の工業原料にもなった。各地の山村に居住していた木地師が加工した木工品は、これも林産物である漆で加工して、日本の特産工芸品である漆器となった。西日本の櫨および東日本の漆の実は、蝋燭の原料となって、都市の照明に貢献した。またほとんど全国の山林において、楮・三椏・雁皮などの植物から和紙が生産された。日本の紙は一七世紀には量・質ともに世界の最高水準にあったことが、エンゲルベルト・ケンペルの『日本誌』にも報告されており、都市に出荷されて元禄以後の印刷文化の繁栄のもとになった。そのほか和紙を用いた障子・唐紙は、世界の建築史のなかでもユニークな内装材であった。

江戸時代の中期以後に急速に拡大した養蚕製糸業も、もとは山村の桑園から発達したものである。養蚕とならんで重要な商業作物となった茶・煙草も、もとは山村に栽培され、需要の拡大にしたがって平地の農村にもひろがったものと考えられる。

日本列島の海岸線に沿って漁村が独自の水産資源の利用を展開した。付近を流れる海流は暖流と寒流の合流点であって、豊富な魚介・海草を育んでいる。これを採取する釣・網などの各種漁法もまた、江戸時代に発達した。水産物は都市に供給されて、特色のある和食料理文化をつくりあげた。

また、やはり海岸地帯で江戸時代に発達した潮汐と日光という自然エネルギーを利用する入浜塩田で生産された塩は、そのまま調味料として農山村・都会で使用されたことはもちろんであるが、江戸時代の特徴は塩が干物・味噌・醤油などの食品の加工・保存に用いられ、それによって都市・農山村の住民の生命維持に必要な蛋白質・ビタミン・ミネラルを、年間を通じて補給するという巧妙なシステムができあがったことに注目しなければならない。

海産物は、このように食料となるほか、いちどきに大量に捕獲される鰯・鯨・鰊などは大部分は農村向けの肥料となり、煙草・綿花・紅花・藍・菜種等の工芸作物の栽培に投下された。農村のなかで稲作中心のクローズド・システムから脱皮して、織物や食品加工を中心とする農村工業が江戸時代中期以降に発達したのは、海村からの肥料（金肥）および塩のインプットが契機となったのである。この時代に北海道が、金肥および塩蔵品を供給する海村的な性格をもった植民地として開拓されたことも、特記する価値がある。

◈情報・輸送のセンターとしての都市

江戸・大坂・京都の、いわゆる三都をはじめとする諸都市は、以上のような農・山・海村の産物を消費する、物質文化の享受者であったが、都市の意味はそれだけではなく、拡大されたクローズド・システムの形成にあたって能動的な役割を果たした。

三都の性格を比較すると、江戸は政治の中心、大坂は商業の中心、京都は工芸の中心とみなされている。京都は、農・山・海村の資源を結合する加工技術の先進地であって、他の都市および農村工業地帯に模範をしめした。大阪は、農・山・海村の産物の全国的な流通センターであった。江戸は、参勤交代制度のもとで居住する全国各藩の人士のあいだで情報が交換される機能をもった首都であった。大坂と江戸ではたくさんの実用的な産業技術のテキストが出版されて、全国の農・山・海村への技術の普及を助けた。そして、三都の商人は多かれ少なかれ農村に基盤をもっていて、山・海村からの原材料の移入をともなう加工業を指揮していた。このような都市の情報機能・組織機能によって、他の三セクター間の物資の交流が実現し、その結果として多様な結合生産物が生みだされたのである。この意味で、都市もまた江戸時代の拡大されたクローズド・システムの不可欠の要素であった。

さて、全国的な農・山・海村の産物の交流を維持するためには、四つのセクター以外に輸送部門が必要であった。物資輸送の幹線は、北前船・菱垣廻船・樽廻船などの沿岸航路および大規模河川の舟運であったが、末端の輸送は駄馬および人力にたよっていた。江戸時代の輸送手段は、動力機関を導入した明治以降との比較はもちろん、当時のヨーロッパや中国と比較しても、大型帆船や馬車が欠如していて、輸送の生産性はいちじるしく低かったと考えられる。これは大型船の建造を禁じた鎖国政策のマイナス効果であろう。輸送部門に従事する人員や馬匹の数を統計的に明らかにすることは困難だが、基本的な四セクターに属する人馬に比較してけっしてわずかな数ではなかったであろう。米・麦・大豆をはじめとする農・山・海村の産物の相当な部分は、輸送部門において人馬の食料として消費されていたと考えられる。

◈自給システムが語る現代的意義

拡大クローズド・システムのもとで、資源は農・山・海村の三セクターでどのくらいの割合で生産

図3　明治7年の国内資源生産高

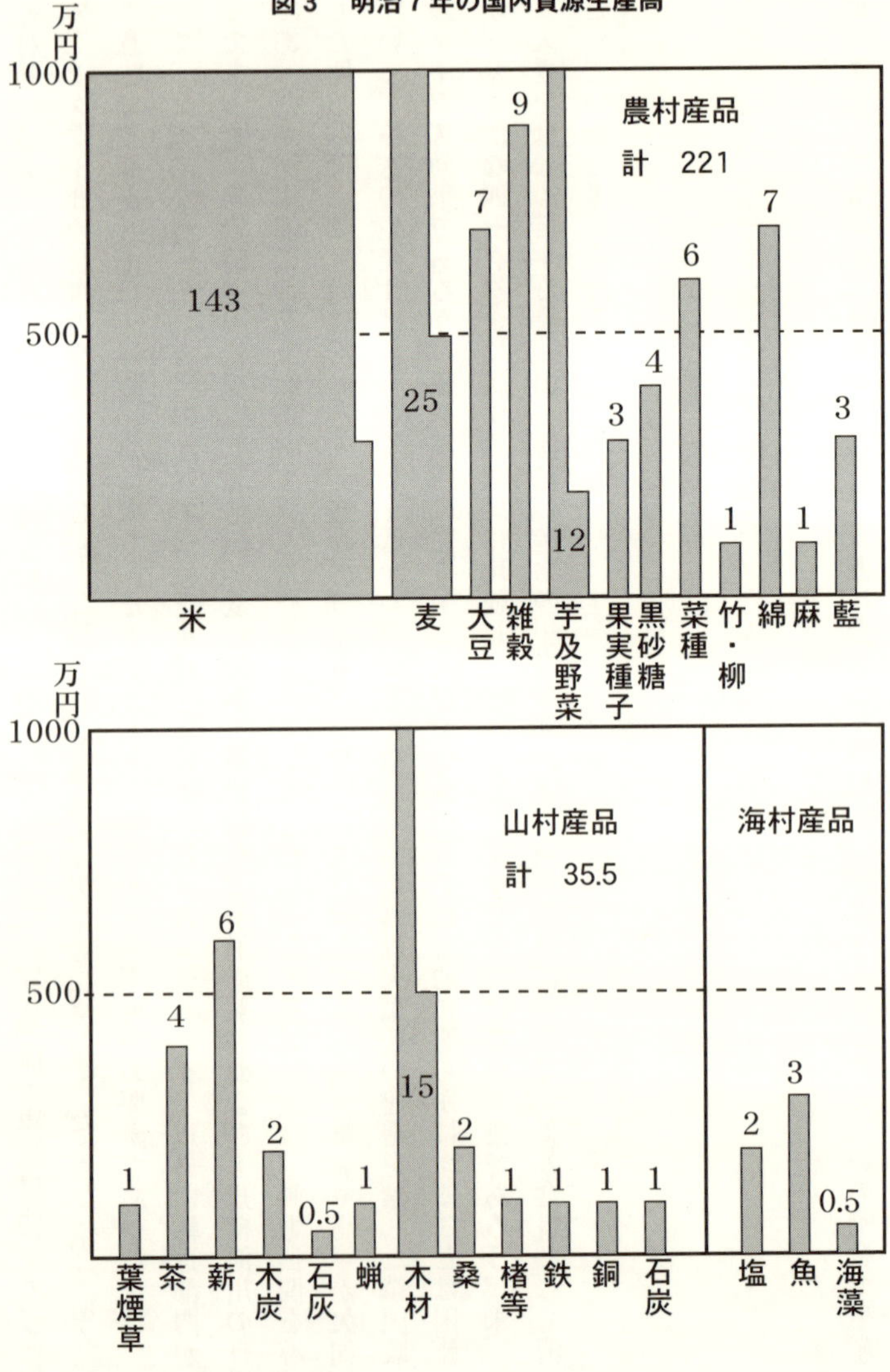

されていたのだろうか。江戸時代中に同時点ですべての物資の統計を得ることは困難なので、基本的な経済構造は変わっていないと思われる明治初年の第一次生産物の生産数量と金額を、農・山・海村に分けて示した（図3参照）。これによると農村の地位が圧倒的に大きいが、これは米の生産金額がすべての資源生産高の過半をしめているからである。しかし、食料・エネルギー・材料資源の多様化という点では、山・海村の意義が明らかに認められるのである。

われわれが江戸時代の自給システムの発展から学ぶべき最大の教訓は、鎖国体制のもとでの外国の物資・人・情報の利用が制限されたなかで、かぎられた国内資源を加工する技術およびその産物を全国に交流するシステムを、当時の日本人が外国を模倣することなく自分で考えだしたという事実である。この歴史的事実は、日本人の独創能力にたいして自信をあたえるものである。同時に、鎖国体制下で二六〇年の平和を保った江戸時代を、世界史上たぐいまれな時期として誇ってもよいのではなかろうか。

第十六章　徳川吉宗の国産開発

笠谷和比古

◈日本全体の利益に目を向けた吉宗

一八世紀の初め、将軍家継が幼少で死去すると幕府では後継者問題が起こったが、徳川御三家のひとつ紀州徳川家の出身であり、すでに紀州藩主としても治績をあげて声望の高かった徳川吉宗が、第八代将軍として迎えられた。

吉宗が将軍になったのは享保元年、西暦では一七一六年であった。それは、これに先だつ元禄時代のバブル景気がはじけて、社会が深刻なデフレと財政難に悩まされているような時期のことであった。状況はまことに今日に似ているといってよいかもしれない。

元禄の好景気というのは、生糸・絹織物・木綿・菜種などを対象とする各種商品生産の発達が背景にあったことはたしかなのだが、しかしそれが通貨の過剰供給であおりたてられることによって、経済の実勢から大きくかけ離れたインフレ現象を呈するにいたっていたものである。

幕府の勘定奉行荻原重秀による有名な金銀貨の元禄改鋳は、もともとはこの時期の商品経済の発展に対応するための通貨供給という、経済の実勢に見合った合理的な通貨政策であった。しかし幕府にとって、金銀純分のたんなる切下げがたちどころに莫大な改鋳益金（出目）をもたらしてくれることは何といっても財政的な魅力であり、それはしだいに麻薬のようになって幕府はあいつぐ切下げと出目の追求に向けてとめどなく走っていくこととなるのである。

いわゆる元禄時代の好景気は、このような通貨バブルによってあおりたてられたところが多分にあり、通貨政策の見直しとともに破綻に向かわざるをえない性格のものであった。

吉宗が将軍となって幕政を指導するようになるのは、ちょうどこのような時期であった。吉宗の施策は、元禄時代以来の華美と放漫な出費とによって破産状態になっていた幕府の財政を再建するところから始まり、いっぽうでは倹約を徹底するとともに、新田開発を積極的に推し進め、徴租法を改革して年貢収入の増大をはかったなどということは、教科書でもよく知られているところである。

だが吉宗の享保改革は、幕府財政の立て直しの問題にとどまるものではなかった。吉宗はたんに幕府自身の利益だけではなく、日本全体の利益というものに大きな関心を向けていった。それは政治的にも、また経済的な意味でも日本の近代化にとって重要な意義をもつものであり、「鎖国のなかの日本」のありかたを考えるうえで見落としてはならない問題なのであった。

◆国内金銀の流出防止

吉宗のおこなった施策のうちでもっとも重要なものは薬種の国産化政策である。これは吉宗の政権三十年間のほとんどを費しておこなわれた一大プロジェクトであり、しかも吉宗はこの国家的なプロジェクトのつねに先頭に立って、これを指導したのであった。

この薬種国産化とは、ひとつは朝鮮人参の日本国内における栽培の試みであり、いまひとつは日本各地の山野に生育している薬草の調査・採集とその増産をめざすものであった。吉宗が薬種に関心をいだき、その人工栽培と増産に取り組んだのは、ひとつには薬種が社会にとって不可欠なものであること、そして高価な薬種を国内で増産することによって廉価に人々に供給するためであった。

だがいまひとつの重要な理由は、薬種の国産化による外国産薬種の輸入防止にあった。朝鮮人参は朝鮮国から対馬藩の宗氏を通して輸入しており、また、その他の薬種はそのほとんどが中国からの輸入にたよっており、これら高価な薬種の輸入にともなって、日本の金銀がその支払いのために海外へ流出しているという事情があった。薬種国産化政策の出発点は、この外国貿易による金銀の流出にたいして、これを防止することにあったのである。

吉宗はじつはこの政策を、前代の家宣政権のブレーンであり、その実質的な政策立案者であった新井白石から受けついだものであった。荻原重秀の通貨政策に断固として反対して、通貨の金銀純分の回復を推し進めた白石は、安定した品位の通貨を市場に供給するためにも金銀地金を確保することの必要性を痛感し、ここから長崎における外国貿易を体系的なかたちで管理する正徳新例を設けたのであった。

白石はそこからさらに進んで、国産開発による外国産輸入品の国内品への代替を計画し、生糸については輸入生糸（白糸）から国産生糸（和糸）への転換を実現しつつあったのであるが、この政権は短命に終わり、白石も志なかばにして退陣を余儀なくされたのである。

新たな吉宗政権の誕生にさいして、これを推進した老中や譜代重臣ら幕臣の多くは、前代の白石の政治をことごとく否定しさり正徳新例も危うきに瀕していたが、同制度の意義を深く認識した吉宗は、これを永世の良法としてその存続を支持したのであった。

吉宗はまた白石の通貨政策をも継承したが、このような白石の一連の経済政策を受けつぐことによって、白石が構想しながら中途で挫折した国産開発問題について、吉宗自身が代わって本格的に取り組むこととなったのである。

◈日本の潜在的な富の開拓

朝鮮人参は薬種のなかの代表格であるが、朝鮮半島でも栽培が極めてむずかしいことから、ごく小規模のかたちの栽培を除いては、自然生育のものがほとんどであり、もっぱらそれを採集するのであった。そしてまたこの希少で高価な人参については、朝鮮国ではその生根や種子の持ち出しを国禁として厳しく取り締まっていた。

吉宗は享保の初年に対馬の宗氏を通して朝鮮人参の生根をひそかにとりよせ、これを日光山など朝鮮半島と気候や環境の似た場所を選んで栽培を試みたのである。しかしながら、この移植は失敗に終わった。吉宗はそれから十年近くにわたってなおも生根の取り寄せと移植の試みをくりかえしたが、成功にはいたらなかった。

そこでこんどは、より期待の薄いと思われていた種子からの生育に方針を転じて栽培を工夫してみたところ、これを試みること約八年にしてようやく朝鮮人参は根つき、種子を生じるにいたった。それは元文三（一七三八）年のころのことで、吉宗がこのプロジェクトに着手してからじつに二十年の歳月が経過していたのであった。この成功には田村元雄（藍水《らんすい》）や阿部将翁《しょうおう》などといった本草家の人々の、地道な努力と工夫とが大いにあずかって力があった。

幕府では各地の人参栽培希望者にたいしてはこの種子に栽培仕様書をつけて頒布し、その作付けと増産を奨励したのである。吉宗の努力によって日本国内で栽培に成功した朝鮮人参の品種は、一般に

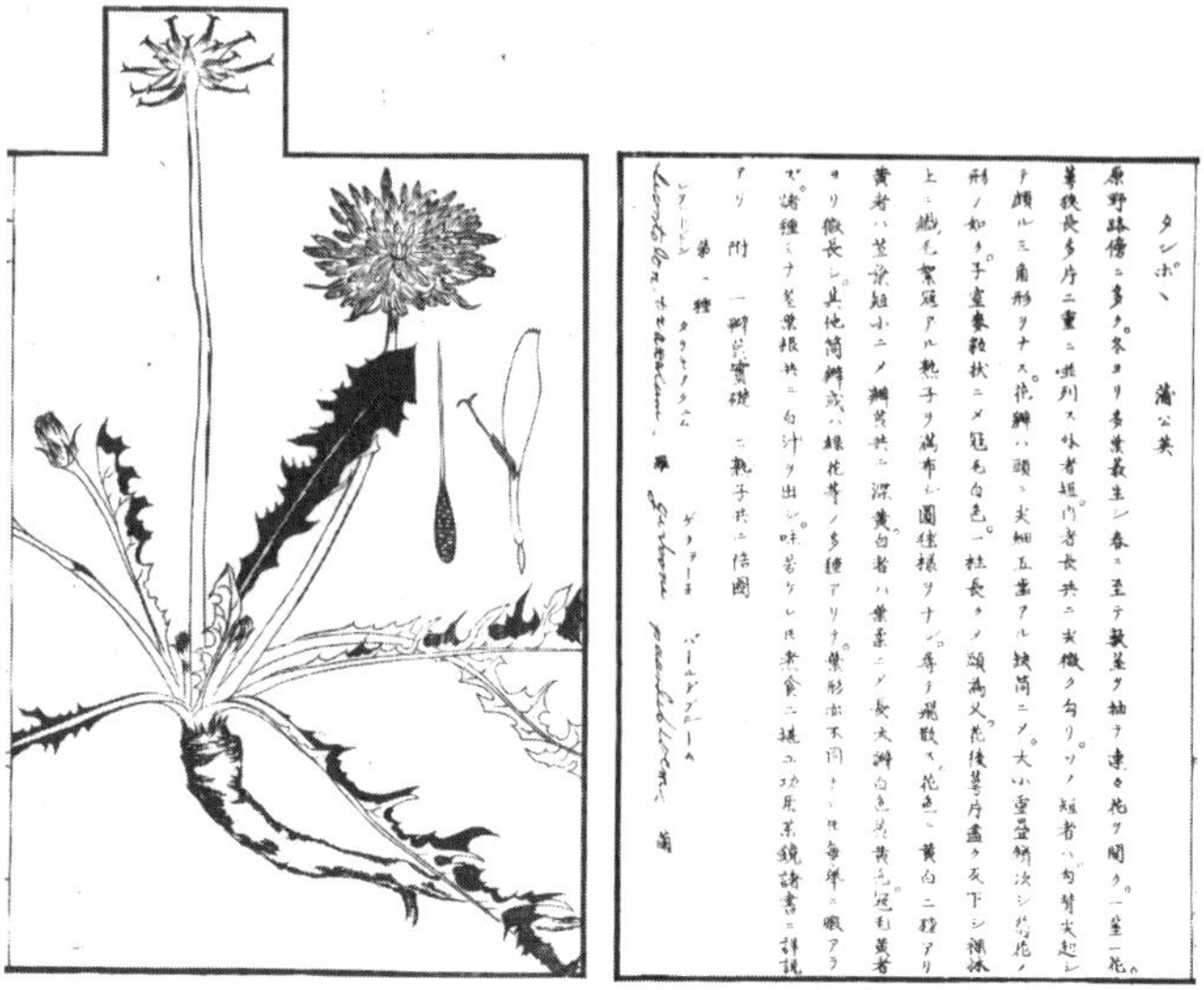

タンポヽ　蒲公英

原野路傍ニ多シ。冬ヨリ葉叢生シ春ニ至テ數莖ヲ抽テ連ニ花ヲ開ク。一莖一花。葉狹長多片ニ重ニ排列ス外者短内者長共ニ尖微ク勾リ。ソノ短者ハ匂欝尖起シテ顛ルニ三角形ヲナス。花瓣ハ頭ニ尖細五齒アル狹筒ニシテ。大小重疊鱗次シ総花ノ形ノ如シ。子室棗核状ニシテ冠毛白色。一柱長クシテ頭両叉。花後萼片盡ク反下シ褌泳上ニ纖毛冠羅アル熟子ヲ満布シ圓毬様ヲナシ。尋テ飛散ス。花色ニ黄白ニ種アリ黄者ハ莖淡短小ニシテ瓣黄共ニ深。黄白者ハ葉柔ニシテ長大瓣白色微黄色冠毛黄者ヨリ微長シ。其他筒瓣或ハ緑花等ノ多種アリテ。葉形亦不同ナレ𪜈每樂ニ職アラズ。諸種ミナ莖葉根共ニ白汁ヲ出シ。味苦ケレ𪜈煮食ニ堪ユ功用系鏡諸書ニ詳説アリ　附　一瓣花實破ニ熟子共ニ倍圖

第一種　Leontodon taraxacum.《レヲントドン タラキサクム》 獨　Gewoone paardebloem《ゲウヲーネ パールデブルーム》 蘭

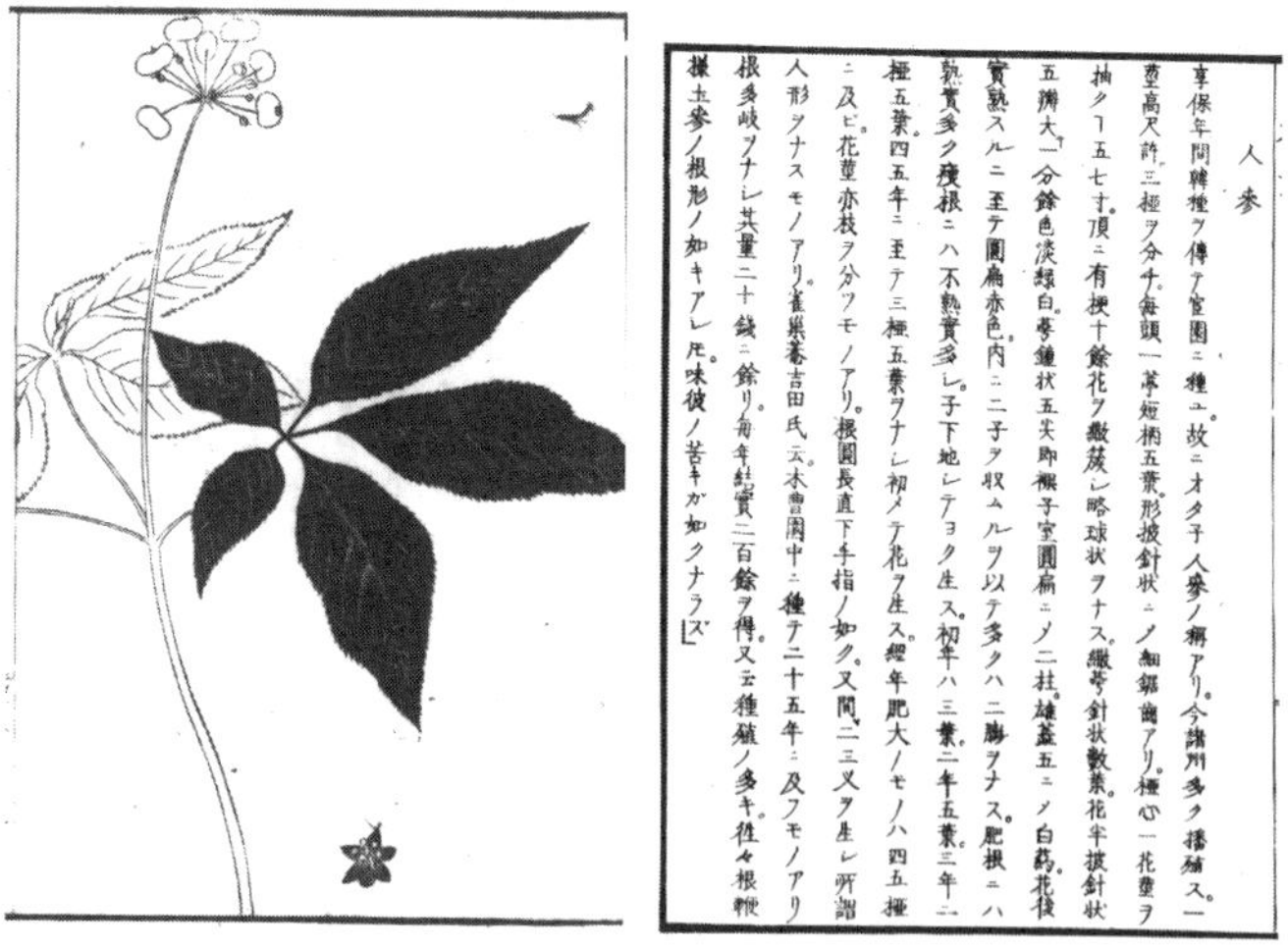

人参

享保年間韓種ヲ傳テ官圃ニ種ユ。故ニオタ子人參ノ稱アリ。今諸州多ク播殖ス。一莖高尺許。三椏ヲ分チ。毎頭一莖短柄五葉。形披針状ニシテ細鋸齒アリ。椏心一花莖ヲ抽ク一五七寸。頂ニ有梗十餘花ヲ攢簇シ略球状ヲナス。纖萼針状數葉。花半披針状五瓣大一分餘色淡緑白。萼鐘状五尖即樃子室圓扁ニシテ二柱。雄蕊五ニシテ白葯。花後實熟スルニ至テ圓扁赤色内ニ二子ヲ收ムルヲ以テ多クハ二瓣ヲナス。肥根ニハ熟實多ク瘦根ニハ不熟實多シ。子下地レテヨク生ス。初年ハ三葉。二年五葉。三年一椏五葉。四五年ニ至テ三椏五葉ヲナシ初メテ花ヲ生ス。經年肥大ノモノハ四五椏ニ及ビ。花莖亦枝ヲ分ツモノアリ。根圓長直下手指ノ如ク。又間二三叉ヲ生レ所謂人形ヲナスモノアリ。雀巣菴吉田氏云。木曽園中ニ種テ二十五年ニ及フモノアリ根多岐ヲナシ其量二十錢ニ餘リ。毎年結實二百餘ヲ得。又云種殖ノ多キ。往々根鞭擬土參ノ根形ノ如キアレ𪜈。味彼ノ苦キガ如クナラズ」

『草木図説』より「タンポポ」「人参」（内閣文庫蔵）

『**魚介図**』（長谷川宗秀等書写）　残念ながらもとになった図版は明記されていないが、吉宗の日本全国の物産や自然物の調査は博物学、自然誌の関心を高めた。（内閣文庫蔵）

「御《お》種人参《たねにんじん》」とよばれている。

他方、日本の全国各地に生育しているであろう国内品種の薬草の探索と採集が、朝鮮人参の栽培と関連しながらも別系統のプロジェクトとして推進されていた。ここでは御庭番（御庭方下役）の植村左平次が中心となって諸国をまわり、辺地の深山幽谷にまで奥深く分け入って数々の薬草をもとめた。

この事業では、医師にして本草家でもある丹羽正伯《しょうはく》や野呂元丈《げんじょう》らが諸国へ採薬に赴くとともに、採集された薬種の鑑定や中国産薬種との同定の作業にたずさわるなど、国産薬種（和薬）の開発と普及にたいして多大の貢献をなした。

吉宗はこれらそれぞれの分野に精通した専門家の人々を巧みに使い、各自の専門能力を存分に発揮させることによって、そしてまた粘り強く試行錯誤を重ねることによって、この薬種国産化という国家的なプロジェクトを成功に導いていったのであった。

それとともにこのような国産開発政策は、日本全国各地にあるすべての産物、自然物にたいする強い関心を喚起し、その全国的な大がかりな総合調査へと拡大され実施されていった（諸国産物取調）(1)。

これはいってみれば当時の日本が国内に有している潜在的な富にたいする関心にほかならず、吉宗政権になってからおこなわれていた六年に一度ごとの全国的な人口調査ともあいまって、国勢、国富というものに大きな関心が払われるようになっていったことを示すものなのである。

それは日本全体の利益や福利の観点でものごとを考える立場であり、幕府一個の利害にもとづいて政策を左右する立場とは根本的に異なるものなのである。だから吉宗政権の性格はたんに幕府の政権であることを越えて、統一的な近代国家のそれに向かう第一歩を印すものであったということができるであろう。

◈近代化の前段階としての功績

このような日本国内のあらゆる物産や自然物にたいする関心の高まりは、その潜在的な有用産物の発見とその増産を目的とする物産学を発達させ、各地の特産品や希少品を一堂に会する物産会の開催が民間においてもおこなわれるようになり、実用的な知識および産業の発達に大いに貢献した。次代に登場する平賀源内のような人物に、その活躍の場を提供することになるのであった。

また他方では、このような日本全国の物産や自然物の総合調査は、実用的な産業化の関心とは別の性格をもつ博物学ないし自然誌《ナチュラルヒストリー》にかかわる関心を人々にもたらした。これは純粋に学術的な関心となって、鳥、花、魚、貝、石などの自然物が有する多様な魅力の探求へと人々をかりたてていった。それは自然を対象とする分類学を発達させたが、これは近代的な自然科学のための土壌の役割を果たしたのである。

こうして国内貴金属の流出防止と薬種の国産化から始まった吉宗の政策は、その所期の目的を達成するとともに、いまやその限定された枠組みを脱して、経済的にも、学術思想の面でも、より大きな成果を日本の社会にもたらしつつあったのである。

吉宗は薬種開発の問題にかぎらず、産業一般の発達に役立つ実学を奨励し、科学技術的な知識を得ようとして、漢訳洋書の輸入制限を緩和する措置をとっている。さらには青木昆陽や野呂元丈に命じてオランダ語の学習にも取り組ませたが、彼らはそれによって蘭学の先駆者ともなったのである。

そしてオランダ人・中国人を通じて海外の動植物の輸入を進めており、なかでも一七二九（享保十四）年、清国船による交趾《コウチン》の象の渡来は、この時代の海外文化にたいする旺盛な関心をしめす象徴的なできごとであった。

吉宗は薬種のほか天文・地理の研究も重視し、関孝和の高弟であった数学者の建部賢弘を用いて、正確度の高い『日本総絵図』を作成するとともに、また暦の改定作業も進めた。吉宗自身も天体・気象の観測を怠らず、簡天儀とよばれる改良版の天体観測器を考案するほどであった。

吉宗の推進した一連の政策はこのように数多くの面で花を開くこととなり、それぞれに実用的で合理的な学問や技術を生みだすことによっていちじるしい成果をあげていたが、それらがわが国の近代化にとって果たした役割は、はかりしれないほどに大きなものがあったのである。

「象のかわら版」　吉宗は外国の動物に興味を持ち、1729（享保14）年、清国船により象を輸入した。（関西大学図書館蔵）

注　記

（1）　一七三四（享保十九）年、丹羽正伯が『庶物類纂』編集のために、諸国の産物の調査をするという理由で、江戸幕府は全国の諸大名に対してその領内物産の書上げを命じた。そうして作成されたのが『諸国産物帳』であるが、それは日本国内の農作物、植物、動物、鉱物の一覧帳の観を呈している。

第十七章　在来と伝来、近世農業の内と外

堀尾　尚志

農業は風土と深くかかわっており、多分に地域性をもっている。農業を営むということは、ひとつのところに代々定着することでもある。そのようななかで培われたメンタリティは、ときに閉鎖的であり、ときに排他的である。しかし、つねにそうであったなら、農耕の技術は発展してこなかった。異質なものとの出会い、異なるものとの比較があって、新たな発展がくりかえされてきた。

◈技術の比較と伝達

昔より仕なれたる農具なれば、鋤鍬《すきくわ》ばかりにてもさのみ用もかがざるなどいふて用いざる人多かるべし。

これは、大蔵永常の『農具便利論』（一八二二〔文政五〕年）にでてくる一節である。永常は一七六八（明和五）年、九州の日田に生まれ、成人したあと諸国を遍歴して、各地の農業事情、とりわけ技術を克明に記録した。九十歳余で没するまでに三十冊あまりの技術書を著わしている。彼は、各地を訪ね歩くうち、いろいろなことを経験し、さまざまな相違をみていく。あるところでは、改良を重ね、便利になった農具が使われているのに、ほかのところでは、不便なものが使われていて、誰もそれをなんとも思わない。「それをなんとも思わない彼ら」が、他所で使われている便利なものをみれば、便利なものはもっと普及するようになるだろう。永常は、そう考えるようになって、本書を企画したのである。

この書に記載された農具は四十二種類、一一〇点におよぶ。しかし、どこでも形の変わらないもの、ほとんど誰でも知っているようなものは記されていない。一般的には「知られていないけれども便利なもの」が選ばれた。また、一一〇点のすべてが図示されている。そして、ほとんどの図に寸法がつけられている。おそらく当時、世界的にみても、これだけ徹底して寸法を入れた技術書は、ほかにあまり例をみないであろう。

寸法が入っているということ、それは本書の性格をよくあらわしている。本書を読めば、実物を見たことがない人でも同じものを作ることができるわけである。たとえば、鍬のところをみてみよう。鍬の機能を決定する重要なポイントは、柄と刃の角度、柄の長さ、刃の幅、長さであるが、角度はこのようにしめされている。刃を地面に置いたときの柄端の地上高と柄の長さ――直角三角形は斜辺ともう一辺で決定する――であらわされている。永常が「それぞれの土地で用いて効果がありそうだと思う農具があれば、作って使ってみてほしい」と述べているように、本書は製作のためのガイドブックでもあった。

機能を決定する主要部の寸法を入れることによって、書物のなかの情報だけから「技術的に同じものを再現」できる。この「再現性」は、寸法の記入によって保障される。

◆農書の時代

永常が生まれた年は、元禄が過ぎた享保と寛政のあいだになる。元禄のころから西日本では農業生産が発展し、農業構造も変わってきていた。経済活動が活発になるにつれて、ワタやナタネなどの商品作物がひろまった。井原西鶴の『日本永代蔵』（一六八八〔定亨五〕年）に「川ばなの九助」という項がある。九助は貧しい家の出であったが、綿をほぐす弓や麦扱《むぎこ》き（ムギの穂首を落とすこと）の道具を発明してお大尽になったという話である。いずれの用具も、九助なるものによる発明ではないが、この架空の九助は、独創や才覚でもって上昇していった人たちを象徴している。そういった人たちが上昇できた経済成長期の状況が、とらえられているのである。

そのような社会経済のなかで農業構造は変わっていった。米作の進歩・安定化によって生産量が増え、米値が下落するいっぽうで、労力が都市部に吸収され労賃が高騰した。コストダウンの圧力である。より能率の高い農具がもとめられたが、とりわけ稲を収穫したあとの作業（脱穀・籾すり・選別）の省力農具が急速に普及した。これらの作業は、労力を要し、年貢収納の期日に追われ、裏作の作付けと競合する。コストダウンの圧力は稲作だけでなかった。地域的にも生産的にも拡大した商品作物作でも同様であった。『農具便利論』はそのような背景のもとで書かれ、重要な情報メディアとして売れたのである。

『便利論』だけでなく、多くの「農書」がこの時期、そして幕末にかけて著わされている。大部のもので数十点、小部のものやマイナーなものも入れると二百点以上も現在確認されている。それほど多くの農書が書かれた目的はなんであったのか。苦心して培ってきた技術、そして生業としての農業の方法を子々孫々に伝えること、それだけではなく、不安定になっていく藩の財政を安定させるため、いや、それ以上に、厳しくなっていく情勢のなかで、大げさにいえば、上層農自身が生きのこりをかけて、生産の量と質を上げていくためであった。農書の多くは地域的な記述にかぎられているが、それでも他所との比較がみられる。

比較のための情報源はどこにあったのか。諸国間の往来が頻繁になるにつれ、口から口へいろいろなことが伝えられた。農書著作者自身の見聞もあった。公刊された農書として、『便利論』とともに有名な宮崎安貞の『農業全書』（一六二八〔元禄十〕年）がある。ともに発行部数は、幕末までに少なくとも数千に達していたのではないかといわれている。それだけ情報がもとめられていたのである。情報のニーズは、省力や生産の向上からきていた。そういった事情は、畿内から西の先進地と、先進地につづく中間地域での先進的な農民にかぎられてはいた。そうでない地域や農民との格差が開いていた。だからこそ永常の仕事もあったのである。

◆省力農具の普及

都市近郊の野菜作、ワタ作関連の作業など、とりわけイネを収穫したあとにつづく一連の作業に省力農具が導入されていった。脱穀は、それまでの扱箸《こきはし》から千歯扱《せんばこ》きに変わった。二本の棒で一本ずつ穂をしごいていたのが、櫛状の歯で一束を二回の動作でいっきに脱穀できるようになった。千歯扱きは堺の南で完成して、数十年のあいだにほとんど全国に普及した。千歯扱きは、日本で独自に成立した、優れた農具の数少ない例である。他の稲作圏では、束を板や石に打ちつけたり棒で叩く方法である。それは、インディカとよばれる種類が主流であって、これは籾が簡単に脱離するからである。日本ではヤポニカとよばれる種類が主流で、籾を離すのに大きな力がいる。それには、しごく方法が効率よい。千歯扱きが日本で生まれた根本的な理由がそこにある。

脱穀につづく籾すり、あるいは籾と藁、玄米と籾がらを選別する作業は、それぞれ唐臼《からうす》(または土《と》臼《うす》）と唐箕《とうみ》によって省力化された。ともに用具というより機械とよぶべきものである。いくつかの構成要素からなっていて、力学原理による機械的操作により所定の作業をするからである。具体的なことは図のキャプションをみていただきたい。いずれも中国でできあがったもので、元禄の少し以前、寛文のころに長崎に伝えられた。中国、そして朝鮮半島からの情報チャンネルに乗って伝えられ、そして普及したのである。

唐臼と唐箕の「唐」について、話は筋道からそれるが、少しふれておかねばならないことがある。唐が「カラ」にあてられ、いつのまにか「とう」とも読まれるようになった。しかし、本来「カラ」には「伽良」、すなわち朝鮮半島の南部の意味であてられていた。中国や朝鮮の文化・文明を日本に発信する前進基地の意味が、「伝来もの」をあらわす接頭辞に使われてきたのである。

話をもとにもどそう。このふたつの農具にも「唐」が使われた。カラ、すなわち新しいもの、というだけの意味ではなく、伝来もの、それも先進国と古代から認めてきた国から伝えられてきたものというニュアンスが強くふくまれている。朝鮮南部あるいは長崎という、細いチャンネルを通して想いをはせていただけに、その関心はさらにふくらんだであろう。

唐箕《とうみ》　唐箕は、脱穀された籾に混ざっている藁くずや、籾摺（もみすり）のあとに混ざっている籾がらを取り除くのに使われる。風によって比重の軽いものを吹き飛ばすのである。箱の中にあるファンをハンドルで回すが、一定の、しかも均等な風速分布の気流が得られるようになっている。その気流の中に、選別するものを落とすのである。それまでは、風のあるときを選んで、箕にとったものをあおりながら選別していた。（写真：久保敏明）

唐臼《からうす》（または土臼《とうす》）　クランク機構により土臼が回転する。上部から投入された籾は、上下の臼の歯の間を外側へ運ばれるうちに籾がらが裂けて玄米になる。使用時は、T型の柄を手前に配して往復させ臼を回す。（写真：筆者）

◆鍬の時代

近世の日本農業は鍬の時代であった。一〇世紀のころから中世を通じてひろく使われてきた犂《すき》は、もともと中国の華北で発達したものであった。乾燥農業の地帯である華北で、深く耕すと土中の水分もいたずらに蒸散させてしまう。深く耕す必要のない犂が、伝えられたときの形のまま、ほとんど改良もくわえられることもなく使われていた。肥料をほとんど施さなかった中世では、深く耕さないのが合理的であった。しかし、施肥が一般化してくると、より深く耕せる鍬が耕具として選ばれるようになった。農業構造も、名主《みょうしゅ》が名子《なご》をかかえて大規模に営む犂の農耕から、鍬を主要な耕具とする単婚家族による小規模な農耕に変えられた。

近世も後半になると、イネの収量増、二毛作の拡大、イネを中心とした作付システムが確立してくる。高度な集約農業が鍬農耕で営まれるという、世界にあまり例をみない展開であった。鍬の機能が分化し、耕起用と土寄せ用に、また粘土質や砂質といった土性に合わせたものがあらわれた。さきにあげた『農具便利論』では、「諸国鍬之図」に八ページがあてられ、二十六地方二十九種類の鍬が図示され解説されている。

鍬が耕具の主役、という時代が三〇〇年近くつづいた。犂は深く耕せない中国伝来の犂であった。

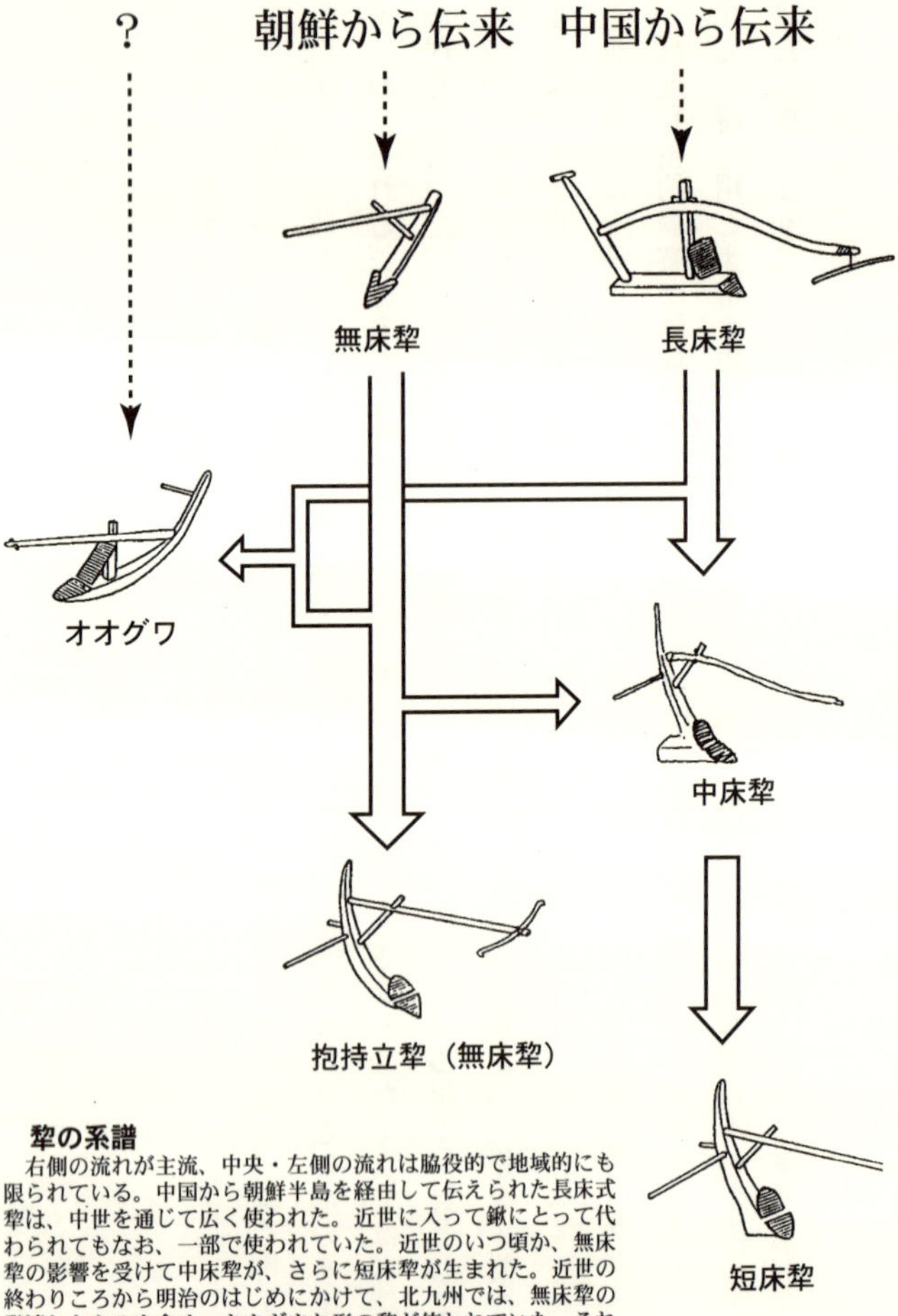

犂の系譜

右側の流れが主流、中央・左側の流れは脇役的で地域的にも限られている。中国から朝鮮半島を経由して伝えられた長床式犂は、中世を通じて広く使われた。近世に入って鍬にとって代わられてもなお、一部で使われていた。近世のいつ頃か、無床犂の影響を受けて中床犂が、さらに短床犂が生まれた。近世の終わりころから明治のはじめにかけて、北九州では、無床犂の発達したものを含め、さまざまな形の犂が使われていた。それらのうち短床犂が注目され、それまでの短床犂とは性能も機能も優れて異なり、深耕ができ土の反転もよい近代短床犂が生み出された。それが日本の近代農業を躍進させた一つの要素となった。なお、北九州では、さまざまな形の犂が使われていて朝鮮半島との交流関係が気になる。今後の研究によっては、この系譜を書き換えることになるかもしれない。

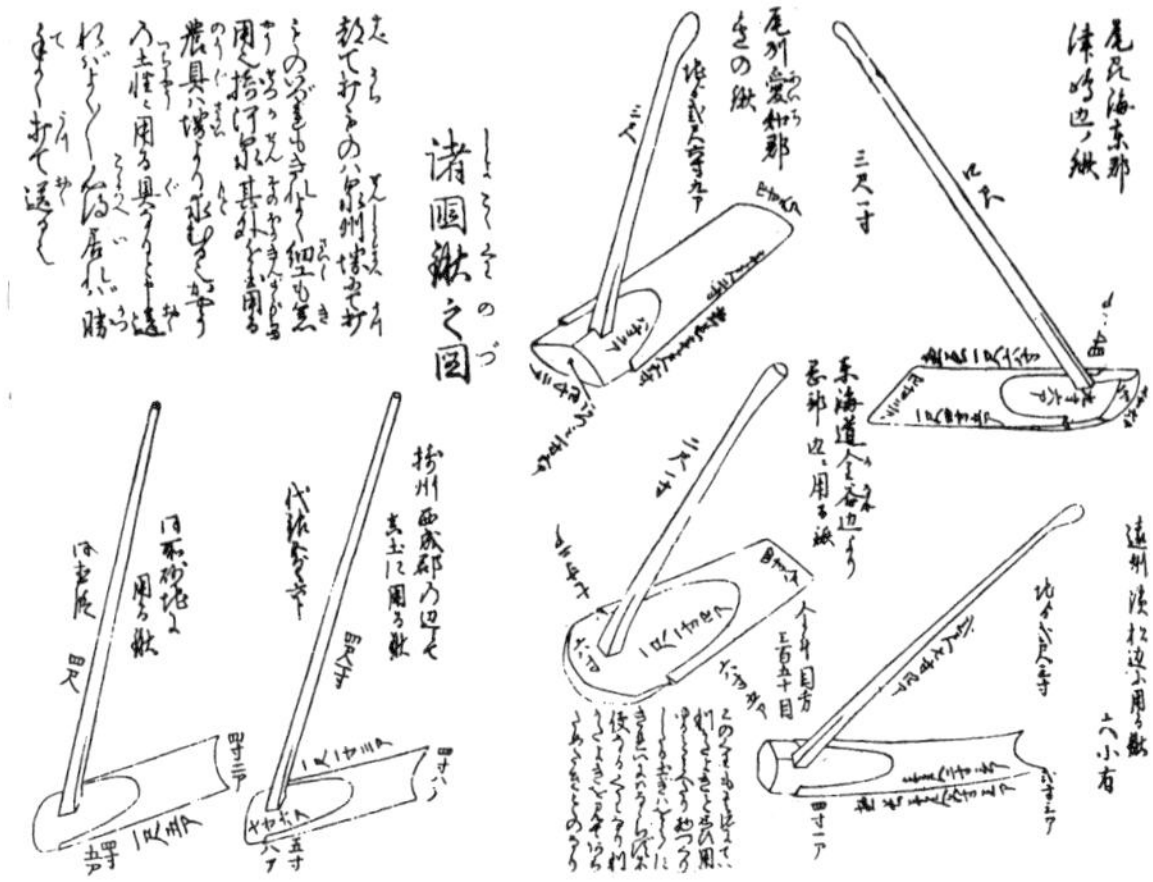

諸国鍬の図

鎖国下の日本農業は、ちょうど鍬の時代であった。中世を通じて使われてきた犂では、より深く耕せない。より深く耕せる鍬が耕具の主役になった。

『農具便利論』には、多くの鍬が図示されている。図の最初にあるのは播州西成郡のもので、「真土」（水田としても良い標準的な土）に使うもの。そして同じ地方でも「砂地」に用いるものは、形が違うので別途その隣に示されている。（国立国会図書館蔵）

犂というものでは深く耕せない、深耕は鍬でするものだ、というのが当時の常識となっていた。それはたいそう強い固定観念であった。朝鮮半島、そして中国のさらに遠くの西洋で使われていた深耕犂のことは伝わってこなかった。鎖国のなかの日本では、その観念を変えるものがなかったのである。

鎖国から抜けだしたとき流れこんだ西洋の知識は、さまざまなインパクトをあたえた。耕具の常識が常識でなくなったとき、犂を根本的に考えなおそうという動きがでてくる。

第十八章　商人の算用、農民の勤勉

斎藤　修

日本商人がアジアの貿易圏に乗りだしていった安土桃山時代から寛永の鎖国令が発布された一六三〇年代まで、いく多の豪商が生まれた。外国貿易に従事した角倉与一や茶屋四郎次郎などの富裕ぶりはよく知られている。

ところが、その二、三世代後の元禄になると、商人たちは、井原西鶴『日本永代蔵』の登場者のように「始末・才覚・算用」を語るようになる。最晩年の西鶴ともなると、さらに一歩進んで、「古代に替り、銀が銀もうけする世と成て、利発才覚ものよりは常体《つねてい》の者の、質《もとで》を持たる人の利得を得る時代にぞ成ける」〔『西鶴織留』巻六〕といった。「利発才覚」で一攫千金という時代は終わり、元手をもつ「常体の者」が安定した商売をするように変化しつつある様子がうかがえる。

この変化はなにを生みだしたのであろうか。話は鎖国令から始めなければならない。

◈商人の算用

鎖国が文字どおりの貿易禁止令ではなく、徳川政府による貿易統制であったことについては多言を要しない。政府が生糸取引を中心とする外国貿易を独占し、その利益は貿易から閉めだされた諸都市の商人に一定比率で配分されたのである。

ただ個々の商人からみると、この鎖国令によって、海外市場へ船を送り仕入れた品物を自由に売りさばく機会が奪われたことは否めない事実であった。遠隔地交易にたずさわる商人にとって、これは大きな痛手であったはずである。

にもかかわらず、当時の史料をみても、そ

帳面合わせ『人倫訓蒙図彙』　奉公人が帳簿を読むのを、手代らしい人物がそろばんを入れている。主人か支配人かが銭箱の前で見ている。（内閣文庫蔵）

のような不満が商人のあいだにあったということを感じさせるものは見あたらない。なぜであろうか。

その理由の一端は、国内市場が、人口増加と城下町建設による都市化とによって拡大をつづけていたからであると思われる。太閤検地のときから一八世紀初めの吉宗の時代までに、全国人口は千数百万人から三千万人弱へ増加したと見積もられている。この推計値は相当の誤差を含むけれども、徳川時代最初の一世紀間がいちじるしい人口成長の時代であったことには変わりない。それは、国内マーケットの規模を大きくするうえで大きな役割を果たした。

国内市場の拡大に寄与したもうひとつの要因は、城下町の建設であった。それは全国的建築ブームが何十年にもわたってつづくような時代であったから、木材など建築用資材をはじめ、その波及効果ははかりしれないほどの規模であったと思われる。

西廻り航路などの主要な商業ルートが開かれ、大坂に、特定の産地との取引に特化したり、特定の商品を専門に扱う問屋の体制が確立するのも、この時代である。海外市場のかわりに――ミニチュア版ではあるが――遠隔地取引の市場を国内に発見したといえる。材木取引で巨富を積んだ紀伊国屋文左衛門や奈良屋茂左衛門のような、「俄か分限《ぶげん》」が輩出したのも当然であった。

しかし、人口増加も都市化も、元禄あたりを境に終息に向かった。全国人口は一八世紀初頭から幕末まで停滞、江戸や大坂の人口は減少すら記録した。それだけではなく、流通ルートが整備されるにつれて、利幅の大きな商いの余地もぐっと少なくなり、結局、破産して没落する分限者も少なくなかった。

三井京本店の業務構造と新入店員の配属

部　　門	配属人員（人）
仕入部門	
唐物方	1
絹加賀方	3
西陣方井売倍商人代物請前	3
加工部門	
染物方井縫方	5
裁物方	8
特定の店・顧客担当部門	
小松方（江戸一丁目店）	2
木綿方（江戸向店）	2
誂方（諸大名様）	5
大坂方（大坂店）	4
通帳方（江戸本店）	5
管理部門	
帳合場金銭払方	0
下シ場（後の荷物方）	1
小遣方	1
計	40

出所：斎藤修『商家の世界・裏店の世界』リブロポート、1987年、102頁より。

このような状況のなかから登場したのが、三井、住友、鴻池など、その後の徳川経済界を支配するようになる商人である。彼らの特徴は、組織の力で、マージンの大きくない商品を大量に、かつ安定的に商うところにあった。ここで「組織」とは、ただおおぜいの手代を使った経営がおこなわれているということではなく、経営組織自体が複雑となり、統合度の高い構造をもつようになったことを意味する。

具体的な商家の例をみてみよう。上の表は一七三三（亨保十八）年の史料から再構成した、三井越後屋本店の業務構造である。諸大名様の誂方《あつらえかた》というのはいかにも江戸時代的であるが、仕入・加工・管理という部門構成は、現在の企業とそれほど違わない。それにくわえて、他の支店との関係で独立の部課が設けられていることが眼をひく。三井は本店の業務構造が複雑となっていただけではなく、他の店舗を江戸・大坂にもち、それら全体を統合的に管理していたのである。

この表に記された人数は新入丁稚の配属先である。一店で新入店員が四十人もいるというのは、かなり大きな規模の企業であったことを物語っている。しかしもっと興味ぶかいことは、本店で採用した丁稚の数はもっと多く、他の新入者はそれぞれ江戸や大坂の店に配属されていた点である。彼らは十二〜十三歳で入店してから各部門を順次経験し、丁稚から手代、手代のなかでも細かく分かれた職階を昇進、三十代半ばでマネジメント入り、すなわち番頭となるまで、一人前の商人となるために必要な知識と技能、判断力を身につけていったのである。これが、享保以降の新しい時代における商人の「算用」となった。

以上、雇用管理の面を中心にみたが、三井・住友など一八世紀に成長してきた商人がきわめて中央集権的な経営をおこなっていたことは、これでわかるであろう。一八世紀の半ばともなると、そのような経営方式は上方の他の問屋商人のあいだで一般化した。彼らはもはや、スポット取引で商品を仕入れ、スポット取引で売りさばいて大儲けするというタイプの商人ではない。このような「組織」型の商家こそ、現代の企業の先駆的形態となったのである。

けれども、このような「組織」型の経済活動が確立したのは、商業のなかでも問屋レベルにとどまった。地域でいえば、大坂を中心とした上方の商家にかぎられていた。それだけではない。生産の領域は、まだこのような組織原理とはまったく無縁であった。

一七三六（元文元）年大坂への入荷高、すなわち大坂の問屋が扱った商品のリストをみると、蔵米や材木・鉄銅のほか、京織物、木綿、畳表、煙草、紙、藍玉、繰綿など、じつに多くの種類が流通市場に登場していたことがわかる。これらのうち、蔵米は領主が年貢として収納した米を大坂に送った荷で京織物は都市の職人の生産物であるが、木綿以下の商品のほとんどと、京織物の原料で（大坂にではなく）京都に集荷された生糸とは、専業の生産者の製品ではなく、農民家族の勤労が産みだしたものであった。

◆農民の勤勉

それでは、農民のレベルにおける経済活動はどのようなものであったか。一六四九（慶安二）年にだされた幕府の農民法度『慶安御触書』をみると、「朝おきを致し、朝草を刈、昼は田畑耕作にかゝり、晩にハ縄をない、たわらをあみ、何にてもそれそれの仕事油断無く仕る可き事」、「男ハ作をかせぎ、女房ハ苧はた（機）をかせぎ、夕なべを仕、夫婦ともにかせぎ申す可し」とある。夜遅くまでの

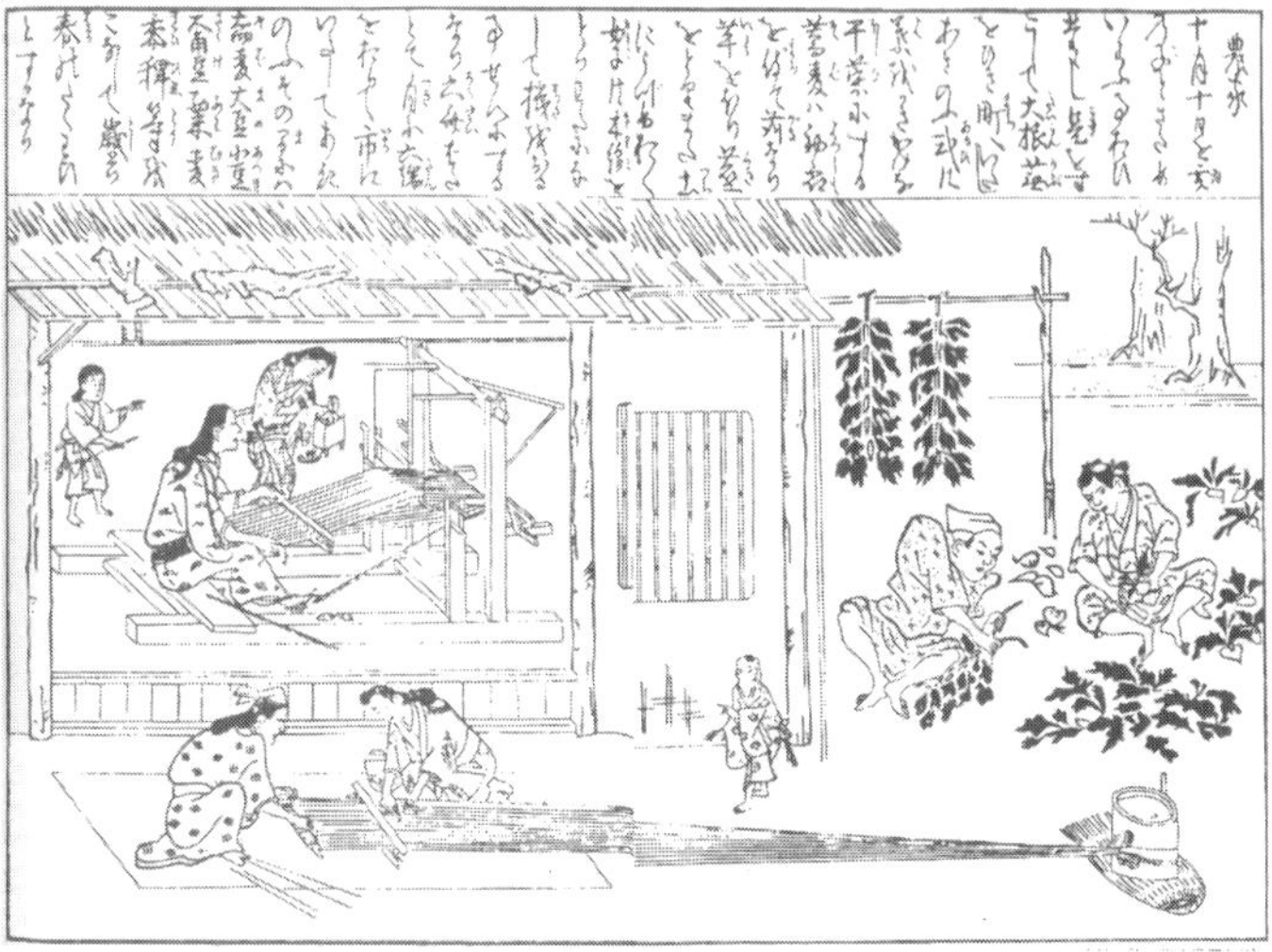

機織『大和耕作絵抄』　農民の分業の様子が描かれている。（ＮＨＫデータ情報編集部編『ビジュアル江戸事情』第２巻産業編，雄山閣出版より）

労働と夫婦間の分業のありようがみてとれる。

もっとも、この夫婦間分業の描写を文字どおりに受けとってはならないであろう。たしかに、多くの教科書や柳田国男の著作がいうように、千歯扱きのような新しい農具の導入は力のいる仕事を多くしたから、女性が農作業から排除される傾向は存在した。けれどもいっぽうで、そのような集約的農業は、草取りのような別な作業への労働投入量を多くさせた。また、綿作に代表される換金作物の導入は綿摘み労働の需要を生んだ。綿作に適しない山つきの村では桑が植えられ、養蚕がおこなわれたが、そこでも比較的労働強度は軽いにしても、新たな作業への需要は増加した。そして、これらはすべて女性の仕事となったのである。

すなわち、江戸時代の農民の勤勉とは、男女間の分業にもとづくと同時に、両者の労働が一体となって遂行されるところのものであった。その結果はといえば、男女とも長時間働かなければならないということであり、しかもいっそう長くなるのがその後の時代の趨勢であった。

それは、生活のための労働であった。しかし、綿作や養蚕の例からもわかるように、農民とその家族が現金収入をもとめての「余業」に従事することはけっして珍しいことではなかった。綿も作れず桑畑もないところでは、機を織って綿布を織りだしたり、紙を漉いて半紙を売りだしたりした。上方の問屋が商う商品は、このようにして生産されたものだったのである。それは農民もある種の「商心」をもっていたということであり、『慶安御触書』も他の条でいっていたように、「少ハ商心も有之て、身上持上げ候ように仕るべく候」とは、農民自身の願いでもあった。

◆仕事の時間——現代への展望

組織原理の優位と勤勉、このふたつは現代日本の経済社会を特徴づけている。それらは、いずれも江戸時代に起源をもつものであった。

しかし注意しなければならないのは、それらふたつは、別個に生じた、直接は相互に関係のない起源だという点である。現代における会社主義は、しばしば、日本人の家族主義的心性のあらわれといわれる。たしかに、企業への忠誠心をイエ・イデオロギーの言葉で修飾しようという傾向は、江戸時代以来、色濃くみられた。他方、農民にみられた家族経営的なメンタリティは、現在でも自営業者のなかに根強くのこっている。これらの事実から両者を結ぶ輪としてイエ原理がもちだされるのであるが、しかし、その説明はかならずしも説得的でない。

なによりも、組織型の商家の登場は、当時の市場経済の動向からみてひとつの合理的な選択の結果であった。そしてまた、それゆえに、当時のすべての企業者に受け入れられたことではなかった。生産の場に、つまりブルーカラー労働者に組織原理がもちこまれるのは、ずっと後の、第一次世界大戦以降のことである。

他方、農民家族の勤勉は集約農業のひとつの帰結であった。農業改良は、そのたびごとに家族内分業のありかたの仕切りなおしをもとめたが、その結果は、つねに経営体としてのイエの集約度を高める方向に作用した。江戸時代の「勤勉革命」とよばれる歴史的変化も、集約度のレベルがきわだって高いという点ではたしかに徳川経済に特徴的なことであるが、その方向自体は、農業集約化の過程でみられる一般的な変化のありかたから逸脱したものではなかったのである。

結局のところ、イエがあったがゆえに商家の世界と農民の勤勉とが生まれたのではなく、現実の変化に応じて身近なイエのイデオロギーが動員されたのである。

もし商人の算用と農民の勤勉とに共通するなにかがあるとしたら、それは時間意識にかかわることではないか。農家の婦女子が長時間労働をいとわなかったのは、個人の時間として観念したうえでの選択なのではなく、それが家業の一環だからであった。二宮尊徳にかんする有名なエピソードを、明治のキリスト者内村鑑三の『代表的日本人』によってみよう。

伯父の家にやっかいになっていた少年時代の尊徳は、仕事の後の自分の時間に本を読み勉強するために、休日にも持ち主のない土地に油菜をまき、一年の終わりにまとまった量の灯油を得た。

今こそ伯父の貯へより汲み来らずして自分の勉強を再開するすることができる、彼の喜びは言はん方なしであった。……　併し、噫！　伯父は言うた、自分がこの子供を養つてゐるからには、その時間もまた自分のものである、自分は家の者には誰も読書といふやうな斯様な儲けにならない仕事をさせて置くことはできない、と。尊徳は再び、伯父の言ふことに道理があると考へ、その命令に従ひ、一日の烈しい畑仕事の済んだ後には、蓆《むしろ》織りや藁鞋《わらじ》作りを行った。

ここに描かれた尊徳の仕事ぶりは、江戸時代の農民の労働そのものである。しかし、本稿の文脈で興味をひくのは、彼の伯父の、誰であれ家にいるあいだは「その時間もまた自分のものである」という発想と、それに「道理がある」と考えた尊徳の反応とであろう。これは、個人の時間は彼が属する集団のものという観念がひろく一般的に受け入れられていたことをしめしている。それは、農民の家であれ商家であれ同様であった。じっさい、商家のエリート奉公人にかんしても、尊徳の伯父の言葉はまったく同じように適用されたのである。

この発想が日本的であるか否かは、ここでは問わない。しかし、現在、その観念から生じたさまざなことが、会社社会の時間と個人の時間をめぐる葛藤の問題としてようやく意識されはじめている。そのような意味でもまた、・現代の起源は徳川社会にさかのぼるのである。

第十九章　文明化と近代化―都市論の視点から

小路田泰直

◈都市の定義をめぐって

「都市とは何か」。こう問いかけると、今日でもマックス・ヴェーバーのつぎの一連の言葉が返ってくる。

A――すべての都市に共通していることは、ただ次の一事にすぎない。すなわち、都市というものは、ともかく一つの（少なくとも相対的に）まとまった定住――一つの「聚落」――であり、一つまたは数ケの散在的住居ではないということのみである。

B――都市を純経済的に定義しようとするなら、都市とは、その住民の圧倒的大部分が、農業的ではなく工業的または商業的な営利からの収入によって生活しているような定住である。

C――都市がそもそも農村と区別された［独自の］構成体として現われてくる場合、それが荘園領

近代化に足を踏み入れた横浜の様子。右は横浜郵便電信局（横浜開港資料館蔵）

日本建築と西洋風の建物とが入り交った坂下門の様子。右は宮内省庁舎（横浜開港資料館蔵）

主ないしは君侯の居住地であるとともに市場聚楽であり、二種類の経済的中心点—オイコス（家）と市場と—を併有しているということは、始源的にはまったく通常的なことであった。また規則的な局地市場と並んで、旅行してくる商人たちの遠隔商業市場がその地で周期的に開かれるということも、しばしばある。しかしながら（本書で用いられる語義における）都市は、市場定住地である。

D——……なおかつ都市は何らかの範囲の自律権をもった団体、特別の政治的・行政的制度を備えた「ゲマインデ」として考察されなければならない。

E——経済的意味における「都市」も、政治的・行政的意味で住民たちの特別法に服している要塞も、そのすべてが「ゲマインデ」であったわけではない。むしろ、語の完全な意味における都市ゲマインデは、大量現象としては、西洋にのみ知られていた。

以上は『都市の諸類型』からの抜き書きだが、ヴェーバーにしたがえば、歴史上の都市とは、広い意味では商工業に従事する人々の集住地のことだが、狭い意味では、経済的には「市場定住地」、政治的には「ゲマインデ」＝自治都市のことである。では、なぜそう狭く定義する必要があるのか。歴史上存在した都市のなかで、そのふたつの要素を兼ねそなえた都市だけが、じつは近代資本主義の発展を準備しえた都市だったからである。そしてその本来の都市が発達したのは、西洋社会においてのみであった。

たしかにこの定義に、われわれ日本人は西洋人的独善を感じる。しかし日本人研究者もまた、従来、この定義にしたがってみずからの都市史を研究してきた。たいていの日本都市史の研究者が、中世の末期にあらわれた京都や堺の都市自治にもっとも大きな関心を寄せてきたのもそのためであった(1)。ヴェーバーの定義は西洋的独善にはみえても、だからといって容易に捨てきれない都市の定義なのである。

しかしはたして、このヴェーバーの定義は、近代資本主義の形成を都市史の立場からみていくうえで十分な定義なのだろうか。逆にいうと、非西洋世界に普遍的に―当然西洋世界にも―存在した、君侯の財政支出や遠隔地商業にささえられて発展した都市は（日本的にいえば平城京や平安京は）、近代資本主義の成立を考えるうえでまったく無視してもよい存在だったのだろうか。

◈近代文明の源流・アジアの都市文明

そこで注目しておきたいのが、「近代の父」ルソーのつぎの言説である。

私は想定する――人々は、自然状態において生存することを妨げるもろもろの障害が、その抵抗力によって、各個人が自然状態にとどまろうとして用いうる力に打ちかつに至る点にまで到達した、と。そのときには、この原始状態はもはや存続しえなくなる。そして人類は、もしも生存の仕方を変えなければ、亡びるであろう。［中略］自然状態から社会状態への、この推移は、人間のうちにきわめて注目すべき変化をもたらす。人間の行為において、本能を正義によっておきかえ、これまで欠けていたところの道徳性を、その行動にあたえるのである。その時になってはじめて、義務の声が肉体の衝動と交代し、権利が欲望と交代して、人間はその時までは自分のことだけ考えていたものだが、それまでと違った原理によって動き、自分の好みにきく前に理性と相談しなければならなくなった［『社会契約論』］。

ルソーによれば、近代化とはつぎのふたつの「時」（危機と意志）が一致したとき、始まる。ひとつは、人が「自然状態」において「肉体の衝動」や「欲望」の命ずるままに生きれば、そのことがたちまち社会の滅亡につながりかねないほどに、人の欲望が社会の許容量を超えて肥大化してしまった「時」。「貢租を増徴するような苛政にくらべれば、節倹の圧制は善政だといわなければならないのだけれども、贅沢の風習を改めさせようとしたばかりにみんなの気持ちが険悪となり旧来の政治道徳でもっては治めていけなくなるのが大方の傾向であろうか」、だから、鎖国下の国内分業が生みだす生産力が国民の欲望を、充足しえない以上開国は必然だ［『国是三論』］。これは明治維新期の開国論者（勝海舟や坂本龍馬らに大きな影響をあたえた）横井小楠の言葉だが、日本の明治維新もまた、国力に比して国民の欲望（世論）が過大になった「時」、起きたのである。(2)

もうひとつは、社会の支配層が、肥大化した人々の欲望を抑制し社会の平和を保つのに中世のごとく、呪術や宗教の力を借りて、人間の「克己心」を人間的限界を超えるところまで拡張することによってそれをおこなうのではなく、社会契約の思想にもとづく国民国家を創造し、その強力な強制力を用いてそれをおこなおうと決意した「時」。

そして従来、あまり注意されてこなかったのが、この第一の「時」の問題、近代の始まりには全社会的規模での人間欲望の過剰化があったということである。ヴェーバーと大塚久雄の影響を受けて、近代資本主義を生みだしたのはプロテスタント的禁欲だと思いすぎたための軽視である。

では近代という時代を最初にもたらした、ルソーの生きた一八世紀の西洋社会をおおった危機的な人間欲望の過剰は、どこから起こったのだろうか。「自然は人びとを、心身の諸能力において平等につくったのであり……能力のこの平等から、われわれの目的を達成することについての、希望の平等が生じる」［ホッブス『リヴァイアサン』］、欲望は高きへ平準（平等）化する、それが人間の本性であるとするならば、全社会的規模での人間欲望の急激な膨脹は、みずからの外に未知のより高い文明の存在を発見したとき、起こる。一五・一六世紀の大航海時代以降、西洋人はアラビア人の手をへずに、直接アジアにアプローチすることができるようになった。そのことがじつは、その後の西洋社会に慢性的な欲望過剰をもたらしたのである。なぜならば、アジアへの接近は未だ見ぬ先進文明への接近だったからである。

中国史の宮崎市定は、中国の近代は宋代に始まったという。西洋史や日本史を専攻するものにとっては、やや奇異の感を受ける時期区分である。しかしよく考えてみると、あながち非常識とはいえない時期区分であることに気づく。一般に宋代以降、文明は「西高東低」から「東高西低」になったといわれる。近代文明の構成要素の多くが、じつは宋代中国に出そろうからである。火薬・羅針盤・印刷術（以上三つはルネサンスの三大発明）・茶・陶磁器・中華料理・朱子学（普遍的人間観）……と並べてみれば、そのことがわかる。

今日のわれわれの生活様式の直接の原形となった文明は、じつはルネサンス期の西洋においてではなく、宋代中国において最初の完成をみたのである。そして一三世紀、モンゴル帝国の成立が交通・通信の発展を飛躍的にうながし、それをまず情報として、日本はもとより（マルコ・ポーロの『東方見聞録』）辺境・西洋にまで伝えた。その結果、一五世紀の末から一六世紀にかけて、こんどは西洋人――さらには日本人（倭寇）――が中国やインドや東南アジアへ進出した。先進文明への憧れが万里の波頭を越えさせたのである。それが大航海時代の幕開けであった。そして、はじめて実際のアジア先進文明に接した西洋人―や日本人―は、勇んでその文明をこんどは物として辺境に持ち帰った。その持ち帰ったものが一六・一七世紀、西洋社会―や日本社会―に、木綿や茶を用いる生活を普及させ、全社会的規模での消費革命（欲望過剰）をひきおこしたのである。

では、近代文明の原点としてのアジアの高度文明は、どこで誰によって創られたのだろうか。中国をはじめとする諸国家の統治の要として、贅を尽くして建設された消費型の都市において、国家の支配層であり同時に教養人でもあった官僚や僧侶たちによって創られた。出自に関係なく教養によって選ばれた宋代以降の科挙官僚や瞑想して生きるインドのバラモンは、その最大のつくり手であった。

こう考えると、「市場定住地」である前に権力の所在地であり、まして「ゲマインデ」ではなかったアジア諸都市の近代的世界システムの形成にたいして果たした役割は、けっして小さくなかったのである。

◈近代の誕生・「武」の刻印

しかしそれにしても、西洋近代を生みだした人々の欲望過剰が、宋以後のアジアの諸都市を中心に展開された世界的規模での文明の交流の所産であったとすれば、じつは同じような欲望過剰（消費革命）は、同時期、世界中で起こっていたはずである。すでに示唆しておいたように、一五・一六世紀以降の日本でも起こった。では、なぜ西洋、ついで日本だけが、その消費革命をふまえて、近代化の第二段階、すなわち国民国家の形成にまで進みえたのだろうか。

日本近世最大の碩学荻生徂徠は、八代将軍徳川吉宗への献策『政談』の冒頭、つぎのように述べている。

総じて国の治というのは、たとえば碁盤の目をもるが如し。目をもらざる盤にては、何程の上手にても碁はうたれぬ也。洪水を静むるには川筋を付けざれば、禹王（中国古代の聖人）再び生れ出たまうとも、水を静むることは叶わざる也。当時火災の事、上の御世話にて、塗屋・土蔵造りになりたれば、火災自然と少なし。これ明かなる証拠也。

人々の過剰な欲望と対峙しそれを制御していく近代国家とは、人々の欲望を直接抑圧する国家ではなく、その欲望が充足されるための土台＝広い意味での社会資本を整備し――それが「碁盤の目をもる」ということ――、そのことを通じて逆に、人々の欲望に適切な方向づけをあたえていく国家なのである。

しかし、その「碁盤の目をもる」という作業は、およそ治安・衛生・土木……といった「汚い」「危険な」仕事にかかわる――教養よりも胆力を必要とする――作業であり、中国をはじめ文明世界の教養人型支配層にはよくなしえないことであった。宮崎市定流にいうと「野蛮」なるがゆえに「素朴主義」の気風をのこしていた、したがって武士がその中核にいた西洋と日本の支配層だけが、よくなしえることであった。したがって近代という時代は、長く世界の辺境にとどまっていた西洋と日本において、その「野蛮」が切り開くことになったのである。(3)

そしてその「碁盤の目をもる」作業中、もっとも重要なものは「碁盤」の内と外の境界を明確にする作業であった。西洋はだからこそ一七世紀以降、主権国家の枠組みを造りあげていった。そして日本は、同じ時期、鎖国の枠組みを造りあげていったのである。

さて、以上の推論から、やや生硬な話になるがつぎのことがいえると思う。鎖国は、東アジアにおける伝統的国際関係＝冊封体制（華夷秩序）の、日本型華夷秩序へのたんなる読みかえではなかった。

そうした装いをとりながら確立された、日本型主権国家の最初の国際的枠組みであったと。

注記

（1） 日本の場合、都市史の叙述は当然、中世の自治都市からではなく、古代の都城から始めなくてはならない。なぜならば平城京以降の都城は、規模の伸縮はあっても、絶えることなく今日につづいているからである。たとえば、平城京は長岡・平安遷都以後完全に農地にもどってしまったかのように考えられているが、それはかならずしもそうではない。平安貴族は平安遷都後もしばしば奈良（古都）の地を訪れ、それを契機に春日社や興福寺がその輪郭を整えていくのはむしろ九世紀以降のことだからである。東大寺と興福寺の門前として元興寺境内に発達した中世奈良町は、古代平城京の直系の子孫だったからである。

（2） 日本において、国民の欲望の自由が国家の権力によって承認されたのは、ほぼ一八世紀末のことであった。天明の飢饉の後始末としての寛政改革（一八世紀末）を指導した松平定信は、被支配身分の人々が君主同様の欲望と理性をもつ存在であることを認めた、江戸時代最初の政治家であった。ちなみに定信がその政治思想の転換をはかるためにおこなった文教政策が、寛政異学の禁だった。それは人々のあいだに身分（差別）をたてることを合理化してきた徂徠学から、理性はすべての人間に本来宿ることを前提にする朱子学への、封建教学の転換をはかるための政策であった。そしてこうした政治思想の転換があればこそ、この横井小楠の考えもでてきたのである。

（3） 国家統治の基本は暴力（武）であるとは、一般に信じられていることであるが、文武両道という言葉があるように、国家統治のもうひとつの基本は文化（文）である。そして文と武とはけっしてひとつの国家において、対等の地位をしめることはない。ふつうは文が武の上位をしめるのである。むしろ武が文を支配した日本や西洋のケースは、ある意味できわめてまれなケースだったのである。しかも、その西洋と日本においてのみ近代資本主義と国民国家が形成されたとすれば、われわれは封建制と資本主義の関係をあらためて考えなくてはならないのである。

第二十章　温故知新——鎖国時代から学ぶ叡知

川勝平太

「近代西洋文明」を受容する前の「鎖国」というこの国の形は、一見すれば、現代社会が直面している問題と無関係のようである。現代社会は「近代西洋文明」の落とし子ともいうべき軍事的脅威、南北問題、環境破壊、難民、民族問題など深刻な問題をかかえている。それらは「近代西洋文明」が生んだものではあるが、明治以後、「近代西洋文明」を非西洋圏においてもっとも見事に受容してきた日本も、それらの問題に対して責任があるといわねばならない。「近代西洋文明」を受容するにあたって、幕府が倒れ、江戸社会は根本的に一新した。しかし、日本人が否定した「鎖国」の時代の遺産は、これらの問題の解決に無力なのであろうか。本書を通読された読者は、お気づきのように、江戸時代の日本は意外な知恵蔵である。そこには、現代の問題を解決するための叡知が潜んでいる。

世界には三〇〇〇の異なる文化が存在するといわれる。異なる文化どうしのあいだには優劣の差はない。質が異なるだけである。しかし、多数の文化のなかから歴史のある時期に、すさまじい力をつけ、他地域の文化を牽引する文化圏が出てくる。ときには押しつけとみられることがあるが、開国後の日本が西洋の文物にひきつけられたように、どの文化にも潜在的・顕在的にひきつける魅力がある。魅力によって求心力を獲得した文化は他地域にとりいれられ、広まる。普遍性を獲得するのである。普遍性を獲得して広まる文化は文明ということができるであろう。そのような中心性を獲得した文化＝文明をもった国としては、一九世紀にあってはイギリス、二〇世紀にあってはアメリカ合衆国をあげることに、おおかたの異論はないであろう。

日本は一九世紀後半にイギリスに出会った。イギリスは世界の地理・人口の四分の一を支配する大英帝国としてその力が最高潮にたっしていた。薩摩と長州はそのイギリスと戦争（一八六三年の薩英戦争、一八六四年の下関戦争）をした。そして敗退した。明治政府の中核をしめた薩長勢力における富国強兵なかんずく強兵化への志向は、そのときの敗戦の屈辱によって形づくられたといってよいであろう。戦前期の日本は軍事大国をめざした。そして、第二次世界大戦で日本軍はイギリス軍をやぶり、一矢をむくいた。だが、アメリカ軍に大敗した。アメリカの巨大な軍事力の背景にある物質生産力が大敗の原因とみなした日本人は経済大国をめざした。そして半世紀後には、アメリカの産業基盤を空洞化するほどに実力をつけた。日本はアメリカと経済力において肩をならべるまでになって転換期をむかえようとしている。

イギリスからアメリカへ、アメリカから日本へという近代世界史の潮流からすれば、二一世紀に、日本人が、異なる文化をもつひとびとから尊敬や憧れをかちとるような魅力ある文化圏になれれば、現代の歴史家が一九〜二〇世紀のアングロサクソン文明を論じるように、将来の歴史家がそれに匹敵する「二一世紀の日本文明」を論じるときがくるかもしれない。われわれは、日本のめざましい発展が、近代世界史における奇跡であるという自覚にたち、アングロサクソン文明が勃興してくるのと同じくらいのタイムスケールで、日本の来しかたを長期的におさえておく必要があるだろう。それは不可避的に鎖国時代の世界史的位置をみさだめることをうながすのである。

◈ユーラシア大陸を襲った危機

上山春平氏は『日本文明史の構想』（角川書店、一九八九年）で、文化を「社会集団の生活様式」、また文明を「農業革命・産業革命を経験した文化」と定義し、人類文明史を自然社会→農業社会→工業社会の三段階に区分し、日本は七〇〇年頃に農業社会、一九〇〇年頃に工業社会に達したと説明されている。だが、同書には、いかにしてヨーロッパと日本とが工業社会になったのかについての説明がない。

この点を補いつつ、最後に、鎖国日本の文明史的位置を見定めてみよう。

イギリスを先頭としたヨーロッパにおける工業社会の出現は、経済史家によって「近代世界システム」の成立とよばれている。ウォーラーステイン『近代世界システム』（川北稔訳、岩波書店、一九八一年）によれば、「近代世界システム」の淵源は「一四世紀の危機」であり、その危機を克服する過程で大西洋をとりかこむ地域に中核―半辺境―辺境の三層構造をもって、一四五〇～一六四〇年頃に成立した。ちょうどそれは日本では戦国時代から「鎖国」の成立の時代に当たっている。

今日、「一四世紀の危機」は、ウォーラーステインの想定にあるようなヨーロッパに限られた現象でなかったことが知られている。一四世紀中葉、中東ではヨーロッパと同様、疫病による人口の三分の一の減少が記録され、中国では元朝が滅び明朝が樹立される過程で人口が一億二〇〇〇万から六〇〇〇万へと半減し、日本では南北朝の内乱にはいった。ユーラシア大陸は、その東西両端におよぶ広域の危機に見舞われていたのである。この危機の中から、その時までは世界の諸文明のはずれにあり、呪術的な中世世界に閉塞していたユーラシア大陸の両端の地域（日本とヨーロッパ）に新社会形成の胎動が始まった。われわれは一四世紀の危機という人類史における共通経験を視野にいれておくことが重要であろう。それは世界史のはじまりをどこに求めるかという論点にかかわるものである。

◈辺境からの「脱亜」

ヨーロッパと日本における新しい社会の形成の契機は対外進出である。進出の舞台は海であり、それはアジアの海であった。それをわれわれは「海洋アジア」とよぶことができるであろう。時期はヨーロッパにあっては「大航海の時代」、日本にあっては「後期倭寇の時代」である。その結果、日本人とヨーロッパ人は同じ時間・空間を共有した。時期は一六世紀後半、地域は日本人のいう「天竺・南蛮」、ヨーロッパ人のいう「東インド」である。それはわれわれのいう「海洋アジア」である。海洋アジアにおいて、彼らはあまたの文明の物産に接し、莫大な貨幣素材を輸出して、アジアの物産を持ち帰った。ヨーロッパには新大陸で掠奪した金銀があり、日本では戦国時代に鉱山開発がすすみ、世界有数の金銀銅山が発見されていた。

文化とは「生活様式」であり、生活様式はさまざまな「物産」からなる。新しい物産が大量に船来し、それが継続的に使われれば、社会の生活様式は一変するであろう。社会の物産複合（社会で使われる物産の総体）が変われば文化は変わる。まさに、物産複合の大転換が起こったのである。コロンブスは金と香辛料を探すために「インド」をめざし、アメリカに到達した。アメリカは「西インド」と呼ばれた。ヨーロッパには、西インドから大量の貴金属がもたらされ、ヨーロッパ地域にインフレーション（「価格革命」とよばれる）をもたらすとともに、その三分の一、ないし四分の一が「東インド」に流れ、そこからは見返りに香辛料のほか新しい物産が続々ともたらされ、ヨーロッパ社会の生活様式は革命的変化をとげた。近代西洋社会の衣食文化を特徴づける木綿・砂糖・茶・陶磁器などは、もとは旧アジア文明圏の日用品であった。文化は高いところから低いところへ流れるといわれるが、正確には魅力のあるところの文物が他地域へ流れ出ていくのである。文物の供給地域になったのが海洋アジアであり、受容地域になったのが日本とヨーロッパである。日本とヨーロッパとは、近世初期までは、ユーラシア太陸の中央部に栄えた文化＝文明圏から見れば辺境の地であったといわねばならない。

ヨーロッパは、旧アジア文明圏からの物産に対し、大西洋を「われらが海」となし、環大西洋圏で物産を需給する「近代世界システム」を作りあげることによって輸入代替に成功し、自給を達成した。その時期はイギリス産業革命期（一七八〇～一八二〇年頃）と特定することができる。同じ時期に日本は「鎖国」という言葉をもつようになり、それを物的に裏づける自給自足体制を完成した。日本は江戸時代に旧アジア文明圏から輸入していた物産をほぼすべて国内土壌に移植して輸入代替をはかり、旧アジア文明の諸物産の国内自給を達成したのである。

自給の方法は「生産革命」である。ヨーロッパの場合は資本集約型の生産革命、日本の場合は労働集約型の生産革命という形をとった。それは生産要素の組み合わせの違いである。ヨーロッパは広大な土地に資本を投下して労働の生産性を上げる「産業革命」を遂行し、日本は狭い土地に労働を投入して土地の生産性を上げる「勤勉革命」を遂げて自給化を達成した。ともに生産革命に成功した結果、貨幣素材の流出がやんだ。既存の生産要素の賦存条件が異なるなかで、両方とも合理的な生産要素の組み合わせをおこなったといえる。その体制的表現がそれぞれ「近代世界システム」と「鎖国」である。

「近代世界システム」は開放体系であるのに対して、「鎖国」は封鎖体系である。物資の需給システムの形が、一方は海外貿易に依拠しており、他方は国内交易に依存したわけであるから対照的である。だが、両者はともに旧文明圏からの経済的自立すなわち「脱亜」した地域となった。「脱アジア」した文明としての意義は相並ぶのである。生産革命に成功して以後、ヨーロッパと日本は、世界史において新しく中心性を獲得した文明として近代に登場してくる。その前提として、第一に近世初期に「海洋アジア」という共通の時空を経験したこと、第二に共通の経済危機に直面したこと、第三にそれを生産革命という自給化によって乗り越えて脱亜をしたこと、第四に両者が平行的発展をしたことという共通性を、まず、おさえておきたいのである。そのうえで、つぎに両者の異質性を概括しておこう。

◈一七世紀の軍拡と軍縮

経済システムの相違は国家システムの相違に反映した。「近代西洋文明」は軍備の拡大で特徴づけられるが、「鎖国」はその反対である。一五四三年に種子島に鉄砲が伝わり、一六世紀末には日本は世界最大の鉄砲生産・使用国となった。つまり軍事大国になった。だが、近世社会は旧式武器の刀に逆戻りした。すなわち軍縮をした。「鎖国」下の軍縮と「近代世界システム」における軍拡とはきわだった対照をなしている。

序でもふれたように、それは「近代世界システム」と「鎖国」のそれぞれの国家システムを根拠づける世界観の相違を反映したものとみられる。「近代西洋システム」のもとで、ヨーロッパ諸国はいずれも軍事力の強化をめざしたが、それには国際法の父といわれるグロチウスが『戦争と平和の法』を一六二五年に著し、国王による防衛戦争のみとはいえ、戦争の正当化を試みることによって、軍事力を国家主権の一つとする考え方を出したことによるところが大きい。戦争を正当化したのは、それが執筆されたのが三十年戦争のさなかという現実を反映したものであろう。国際関係を「戦争と平和」(その実質は戦争)のパラダイムでみる世界観がヨーロッパにはじめて誕生したのである。この世界観は一六四八年のウェストファリア条約で現実のものとなった。それ以後、今日にいたるまで交戦権は国家主権の正当な構成要件となったのである。

一方、ヨーロッパの国際法がまだ現存していない段階で全国を統一した徳川政権が、対外関係に適用できるものとして採用できた既存の世界秩序はただ一つ、明中国がもっていた「華夷秩序」であった。「華夷秩序」とは「文明と野蛮」という世界観に対応した世界秩序である。近世日本は「修身斉家治国平天下」の朱子学的世界観を採用した結果、身を修めて徳を身につけた主君が明君と仰がれた。権力の正当性をもたらすのは徳とされ、徳治主義が政治の基本となる。軍縮はこのような世界観の必然的帰結である。

日本が「文明と野蛮」のパラダイムを採用したのは、西洋に「戦争と平和」のパラダイムが生じたのと同時期である。「戦争と平和」と「文明と野蛮」という異なる世界秩序が同時に成立した。ヨーロッパは覇権主義(パワー・ポリティクス)、日本は徳治主義(モラル・ポリティクス)を採用したということもできる。

賄賂政治を行ったという悪評のあった田沼意次でさえ、大石慎三郎『田沼意次の時代』岩波書店、一九九一年）によれば、悪評は政敵による中傷であることが明らかにされており、真の田沼意次は徳が高く、国家の大計を考えた大政治家であったという。

徳を中心にすえた世界観は経済政策にも貫徹された。「君子まづ徳をつむ、徳あればここに人あり、人あれば、ここに土あり、土あればここに財あり、財あればここに用あり、徳は本なり、財は末なり」――つまり、有徳が富国の基礎だというのである。これは軍縮と富国をセットにした「富国有徳」のシステムであるといえよう。これは軍事力と経済力をワンセットとするヨーロッパの「富国強兵」とは対照的である。

◈江戸時代が先取りした省エネ経済

「鎖国」日本は資本節約的であり資源節約的であった。

「産業革命」は資本集約型であり、また大量の石炭を使うエネルギー資源浪費型の生産革命である。一方、「勤勉」革命は字義通り、労働をいとわず、資本を節約する生産革命である。たとえば、江戸のごみは川や堀を使って江戸湾まで運ばれたが、途中で肥料、金物、燃料としてリサイクルできるものが選別され、それぞれ農家、鍛冶屋、風呂屋に売却され、残りが幕府の指定する埋立地に運搬されていた。そこには物を粗末にしない思想と行動がある。

今日、先進経済はエネルギー浪費型から省エネ型へ、重厚長大から軽薄短小へと移行しつつあり、日本はアメリカにならって大量生産・大量消費・大量廃棄の時代を経験しただけにその流れを逆転させる牽引車になるべき十分な理由がある。機械の小型化を可能にしたエレクトロニクス関連の家電・電子・情報産業は二一世紀日本の基幹産業になるであろう。バイオテクノロジーは土地節約に資するであろう。太陽電池や風力発電などのクリーン・エネルギー源の開発は石炭・石油をいずれ時代遅れにするであろう。現在進行中の産業構造の転換は経済システムの型としては、「近代西洋文明」の資本集約型から「鎖国日本」の資本節約型への移行と受けとめることもできる。

◈有限世界に生きる智恵

対外関係にも学ぶべき知恵がある。華夷秩序における国際貿易は「華」である国に「夷」である諸国が朝貢する形式である。それは概して「夷」とみなされた弱小国を利した。自国の特産品をもって「華」の国から欲しい物を獲得できたからである。それは明らかに不等価交換であり、強いて比較すれば今日のＯＤＡに近いであろう。自由貿易の現実は、比較優位による資源の最適配分という理想とは異なり、一方に富の蓄積をうみ、他方に貧困をつくりだした。ヨーロッパとアフリカとの関係はまさにそうような関係である。アフリカの深刻な債務問題は、ヨーロッパとの自由貿易が生みだした帰結である。アフリカ諸国は債務取り消しを先進国につきつけ、イギリスなど一部の先進国はそれを受け入れている。自由貿易は結果的に不等価交換（債務取り消し）をうんでいるのである。それは自由貿易を原理主義的に主張することへの反省をうながすであろう。

「鎖国」下では唐人とオランダ人とは「通商」の関係、琉球人と朝鮮人とは「通交」の関係を持つとされたが、いずれも日本人が出かけるのではなく、徳川の威光になびいた外国人が来訪すると理解された。このような世界観のもとでは、「近代西洋文明」のごとく外国に「売り込み」に行って、その他の産業を破壊するような行動はおこりえない。「鎖国」や「海禁」は自国の文化を相手に押しつける民族同化主義とは正反対の姿勢であり、民族の「住み分け」として読みかえることもできるだろう。「鎖国」に戻ることはアナクロニズムであることは明白だが、地球という限られた存在を考えるとき、「鎖国」という有限世界のなかで培われた異なる国（藩）同士が互いに住み分けていた智恵には学ぶべきものがあるだろう。民族は交流しつつも住み分けうるという展望をもつことができるのである。

資源の制約のもとで軍備拡張と経済成長とは両立しがたい。軍事を突出させて経済が崩壊したのはソ連だけではない。アメリカもレーガン時代に国防費を拡大し史上最大の債務国に転落した。冷戦は米ソ両大国の経済破綻で幕を閉じた。「富国強兵」の覇権主義の時代が去りつつあり、ソ連崩壊後は小国分立の時代になっている。小国でも自立できる時代である。近代世界システムの「富国強兵」とは異なり、鎖国時代の日本に「富国有徳」のシステムがありえたことは将来に示唆的であろう。

以上のように、軍縮、資源節約、住み分けを実現していた「鎖国」時代の智恵蔵を開き、「近代西洋文明」の科学技術の成果を媒介にしつつ、日本固有の経験と知恵を現代に生かす温故知新が大切ではないか。

謝辞

本書は、ＫＤＤ社の広報誌『On the Line』に、一九九二年四月から一九九四年三月の二年間にわたって連載された連続エッセーが元になっている。単行本化のために補正が加えられているが、基本的にはこれらの集成である。

連載は当初は一年の予定であったが、好評のため、二年連続になった。ＩＴ（情報技術）にかかわるハード・ソフト両面の最新情報を提供する未来志向の広報誌に、江戸時代論がなんの違和感もなく、一輪の花を添える形で毎号掲載されたのは、エッセーに適した絵や写真の収集をはじめ、見映えのする構成づくりに心をくだいて編集にあたられた吉野茂氏（ライツ社）の力によるところが大きかった。転載を許可されたＫＤＤ広報部ならびに吉野氏にあらためて厚くお礼を申しあげる。

その後、単行本の企画がもちあがり、原稿は同文舘にあずけられた。担当は勝康裕氏であった。だが、社内事情で、勝氏がしりぞかれてしまい、企画はたち消えになったかにみえた。しかし、同社に眠っていた原稿は、ふたたび、こうして日のめを見ることになった。これはひとえに同社出版部長の市川良之氏のおかげである。市川氏は一読してその価値を認められ、同社の森脇崇氏とともに、多数の著者への連絡、書きなおし、絵や写真の掲載許可など、煩瑣な仕事をこなしてくださった。こうして、装いもあらたに読者に提供できるのは喜びである。執筆者を代表して、心からお礼を申しあげたい。

執筆時点からかなり時間がたってはいるが、内容は各氏の長年の研究のエッセンスを伝えており、まったく色褪せていない。ご協力いただいた先生各位に深く感謝いたします。

二〇〇〇（平成十二）年春

編　者

引用・参考文献

序

ロナルド・トビ、速水融・永積洋子・川勝平太訳『近世日本の国家形成と外交』創文社、一九九〇年
マカートニー著／坂野正高訳注『中国訪問使節日記』平凡社、東洋文庫
荒野泰典『近世日本と東アジア』東京大学出版会、一九八八年
新井白石「本朝宝貨通用事略」『新井白石全集』第3巻、国書刊行会
宮崎安貞『農業全書』岩波文庫
グローチウス、一又正雄訳『戦争と平和の法』復刻版、酒井書店、一九八九年
川勝平太『日本文明と近代西洋――「鎖国」再考――』ＮＨＫブックス、一九九一年

第一章

角山榮『茶の世界史』中公新書、一九八〇年
角山榮『辛さの文化　甘さの文化』同文舘、一九八七年
角山榮「オランダの繁栄と日本の銀」『適塾』（適塾記念会）、二三号、一九九〇年
Ukers, W. H., *All about Tea*, 2 vols.New York, 1935.

ヴァリニャーノ、松田毅一ほか訳『日本巡察記』東洋文庫、一九七三年
リンスホーテン、岩生成一ほか訳『東方案内記』（大航海時代叢書Ⅷ）岩波書店、一九六八年
シドニー・W・ミンツ、川北稔・和田光弘訳『甘さと権力――砂糖が語る近代史』平凡社、一九八八年
ガスパール・ダ・クルス、日埜博司訳『16世紀華南事物誌』明石書店、一九八七年
春山行夫『紅茶の文化史』平凡社、一九九一年

第二章
Porcelain for Palaces: The fashion for Japanese in Europe 1650-1750, Oriental Ceramic Society, 1990（英語版からの翻訳は、『宮廷の陶磁器――ヨーロッパを魅了した日本の芸術』同朋舎出版、一九九四年）・
Volker, T. *Porcelain and the Dutch East India Company*, Leiden, 1954.
『阿蘭陀』根津美術館、一九八七年
『オランダ陶器』根津美術館、一九九五年

第三章
永積洋子『近世初期の外交』創文社、一九九〇年
永積洋子訳『平戸オランダ商館の日記』（全4巻）岩波書店、一九六九～七〇年
Leonard Blussé & Willem Remelink (eds.) *The Deshima Diaries, Marginalia 1700-1740*, Tokyo: The Japan-

Netherlands Institute, 1992.
日蘭交渉史研究会訳『長崎オランダ商館日記』（1〜10）雄松堂、一九八九〜九九年
山本博文『寛永時代』吉川弘文館、一九八九年
ロナルド・トビ、速水融・永積洋子・川勝平太訳『近世日本の国家形成と外交』創文社、一九九〇年
『通航一覧』（全8冊）国書刊行会、一九一二〜一三年
水口志計夫・沼田次郎訳『ベニョフスキー航海記』平凡社、東洋文庫、一九七〇年
斉藤阿具『ヅーフと日本』廣文館、一九二二年
斉藤阿具訳註『ヅーフ日本回想録・フィッセル参府紀行』駿南社、一九二八年
法政蘭学研究会編『和蘭風説書集成』（全2冊）吉川弘文館、一九七六年、一九七九年

第四章

『琉球・沖縄——その歴史と日本史像』雄山閣出版、一九八七年
『新琉球史』近世編（上・下）、古琉球編、琉球新報社、一九八九〜九一年
真栄平房昭「近世日本における海外情報と琉球の位置」『思想』第七九六号、一九九〇年
岩下哲典・真栄平房昭共編『近世日本の海外情報』岩田書院、一九九七年
高良倉吉『アジアのなかの琉球王国』吉川弘文館、一九九八年

第五章
岩生成一『朱印船貿易史の研究』弘文堂、一九五八年
岩生成一『朱印船と日本町』至文堂、一九六二年
岩生成一『南洋日本町の研究』岩波書店、一九六六年
山崎正和『海の桃山記』朝日新聞社、一九七五年
岡田章雄著作集Ⅲ『日欧交渉と南蛮貿易』思文閣出版、一九八三年
G・B・サンソム、金井圓他訳『西欧世界と日本（上・下）』筑摩書房、一九六六年
カール・ポランニー、玉野井芳郎・平野健一郎編訳『経済の文明史』日本経済新聞社、一九七五年
田中優子『近世アジア漂流』朝日新聞社、一九九〇年
清水元「日本・東南アジア関係の文明史的位置」原洋之介編『東南アジアからの知的冒険』リブロポート、一九八六年、所収

第六章
田代和生『近世日朝通交貿易史の研究』創文社、一九八一年
田代和生『書き替えられた国書』中央公論社、一九八三年
岩生成一『鎖国』中央公論社、一九六七年

永積昭『オランダ東インド会社』近藤出版、一九七一年
岩生成一『新版　朱印船貿易史の研究』吉川弘文館、一九八五年
和辻哲郎『鎖国』筑摩書房、一九六四年
科野孝蔵『オランダ東インド会社の歴史』同文舘、一九八八年
田代和生ほか著『朝鮮通信使と日本人』学生社、一九九二年
田中健夫『倭寇』教育社、一九八二年

第七章

内藤湖南『日本文化史研究』弘文堂、一九二四年（『内藤湖南全集』第9巻、筑摩書房、一九六九年に再録）
渡辺浩『近世日本社会と宋学』東京大学出版会、一九八五年
李泰鎮『韓国社会史研究』ソウル知識産業社、一九八六年
荒野泰典『近世日本と東アジア』東京大学出版会、一九八八年
斯波義信『宋代江南経済史の研究』汲古書院、一九八八年
宮嶋博史『地域からの世界史1　朝鮮』朝日新聞社、一九九三年

第八章

ロナルド・トビ、速水融・永積洋子・川勝平太訳『近世日本の国家形成と外交』創文社、一九九〇年

ロナルド・トビ「近世日本の庶民文化に現れる朝鮮通信使像」『韓』一一〇号、一九八八年所収
ロナルド・トビ「外交の行列・仰列——異国、ご威光、見物人」黒田日出男／ロナルド・トビ編『行列と見世物』（朝日百科・日本の歴史別冊17）朝日新聞社、一九九四年所収
中村栄孝『日鮮関係史の研究』全3巻、吉川弘文館、一九六五〜六九年刊
鳶米黒和三「都市の祭礼文化——土浦と川越の祭礼絵巻から」黒田日出男／ロナルド・トビ編『行列と見世物』（朝日百科・日本の歴史別冊17）朝日新聞社、一九九四年所収
李進熙『李朝の通信使』講談社、一九七六年刊。
李進熙『江戸時代の朝鮮通信使』講談社、一九八七年
辛基秀ほか『朝鮮通信使絵図集成』講談社、一九八五年
申維翰、姜在彦訳『海游録』平凡社、一九七四年刊（東洋文庫、252）
李元植ほか『朝鮮通信使と日本人』学生社、一九九二年
朴春日『朝鮮通信使史話』雄山閣ブックス、一九九二年
朴春日『朝鮮通信使話』雄山閣出版、一九九二年刊
三宅英利『近世アジアの日本と朝鮮半島』朝日新聞社、一九九三年
崔官『文禄・慶長の役（壬辰倭乱）——文学に刻まれた戦争』講談社、一九九四年
横山學『琉球国使節渡来の研究』吉川弘文館、一九八八年
宮城栄昌『琉球使者の江戸上り』第一書房、一九八二年

田代和生『近世日朝通交貿易史の研究』創文社、一九八〇年
田代和生『書き換えられた国書』中公新書、一九八三年刊
田代和生「朝鮮通信使行列絵巻の研究―正徳元年（一七一一）の絵巻仕立てを中心に―」『朝鮮学報』一三七号、一九九〇年。
三宅英利『近世日朝関係史の研究』文献出版、一九八六年。（「近世通信使および関係事項著書・論文目録」は、一八九四年一九八五年までの間に出版された、徹底した文献リストを付録）
『上田秋成』（日本古典文学体系第56巻）岩波書店、一九五九年
村井章介『アジアの中の中世日本』校倉書房、一九八八年
黒田日出男『王の身体・王の肖像』平凡社、一九九三年
斉藤月岑『東都歳時記』（全3巻）平凡社、一九五七～七二年

第九章

斯波義信「華僑」『シリーズ世界史への問い3　移動と交流』岩波書店、一九九〇年
斯波義信「チャイニーズ・コネクション」川勝平太監修『新しいアジアのドラマ』筑摩書房、一九九四年
斯波義信「問い直される16～18世紀の世界状況」川勝平太・濱下武志編『アジア交易圏と日本工業化』リブロポート、一九九一年
斯波義信『華僑』（岩波新書382）岩波書店、一九九五年

游仲勲『華僑――ネットワークする経済民族』講談社、一九九〇年
游仲勲編『世界のチャイニーズ――膨張する華僑・華人の経済力』サイマル出版会、一九九一年
載国煇編『もっと知りたい華僑』弘文堂、一九九一年
須山卓・日比野丈夫・蔵居良造『華僑』日本放送協会、一九六七年
永積洋子編『唐船輸出入品数量一覧 一六三七～一八三三年』創元社、一九八七年
永積洋子『近世初期の外交』創文社、一九九〇年
荒居英次『近世海産物貿易史の研究』吉川弘文館、一九七五年
Wang Gungwu, *China and the Chinese Overseas*, Times Academic Press, 1991.

第十章

加藤栄一「鎖国論の現段階」『歴史評論』一九八九年十一月号
荒野泰典・村井章介「(対談) 前近代の対外関係史研究をめぐって」『歴史評論』一九九〇年四月号
荒野泰典『近世日本と東アジア』東京大学出版会、一九八八年
永積洋子『近世初期の外交』創文社、一九九〇年
ロナルド・トビ、速水融・永積洋子・川勝平太訳『近世日本の国家形成と外交』創文社、一九九〇年
田代和生『近世日朝通交貿易史の研究』創文社、一九八一年
小堀桂一郎『鎖国の思想――ケンペルの世界史的使命』中公新書358、一九七四年

三谷博「開国過程の再検討――外圧と主体性」『年報・近代日本研究――近代日本研究の検討と課題』一九八八年
服部之総『随筆集・黒船前後』筑摩叢書71、一九六六年
中江兆民『三酔人経綸問答』岩波文庫、一九六五年
平石昭直「如是閑の『日本回帰』について」『長谷川如是閑集・第7巻』(解題)岩波書店、一九九〇年
和辻哲郎『鎖国――日本の悲劇』岩波文庫、一九八二年

第十一章

E・ケンペル、志筑忠雄訳「鎖国論」『日本文庫』第5巻、博文館、一八九一年所収
同、今井正訳『日本誌』霞ヶ関出版、一九八九年
板沢武雄「鎖国及び『鎖国論』について」『昔の南洋と日本』所収、日本放送出版協会、一九四〇年
小堀桂一郎『鎖国の思想』中公新書、一九七四年
J・クライナー編『ケンペルのみたトクガワ・ジャパン』六興出版、一九九二年
松隈清『グロチュースとその時代』九州大学出版会、一九八五年
国際交流基金『国際交流』五九号、一九九二年
丸山眞男『忠誠と反逆』筑摩書房、一九九二年(のち文庫化、一九九八年)
松沢弘陽『近代日本の形成と西洋経験』岩波書店、一九九三年

B・M・ボダルト＝ベイリー、中直一訳『ケンペルと徳川綱吉』中公新書、一九九四年

第十二章
[Osborn, S.]"A Cruise in Japanese Waters(PartIV)," *Blackwood's Edinburgh Magazine* ..., Vol. 85, Edinburgh & London, 1859.
Walrond, T. (ed.) *Letters and Journals of James, Eighth Earl of Elgin* ..., London, 1872.
Oliphant, L. *Narrative of Earl of Elgin's Mission to China and Japan* ..., Vol.2, Edinburgh & London, 1859.
Kaempfer, E. *The History of Japan* ..., tr. J. G. Scheuchzer, London, 1727.
西川如見『町人嚢』享保六（一七二一）年、京都刊（『日本思想体系59』岩波書店、一九七五年所収）
財津種莢『むかしむかし物語』享保十七～十八（一七三二～三三）年稿（『続日本随筆大成　別巻1』中央公論社、一九八一年所収）
貝原益軒『神祇訓』一七世紀末頃成立か。現在写本が伝わるのみ（益軒会『益軒全集 3』益軒全集刊行部、一九一一年所収）
横山俊夫「〝文明人〟の視覚」横山俊夫編著『視覚の一九世紀――人間・技術・文明』思文閣出版、一九九二年所収
横田冬彦「近世身分制度の成立」朝尾直弘編『日本の近世7』中央公論社、一九九二年所収
横山俊夫「『家道訓』の世界」横山俊夫編著『貝原益軒―天地和楽の文明学』平凡社、一九九七年所収

横山俊夫他編著『安定社会の総合研究―ものをつくる・つかう』財団法人京都ゼミナールハウス、一九九六年
横山俊夫他『日用百科型節用集の使われかた』京都大学人文科学研究所調査報告38、一九九八年

第十三章

石川英輔『大江戸エネルギー事情』講談社
フランシス・フクヤマ『歴史の終わり』
Joshua S.Goldstein, *Long Cycles—Prosperity and war in the Modern Age*, Yale Univ,Press,1988.

第十四章

宮本常一・潮田鉄雄『食生活の構造』柴田書店、一九七八年
西川俊作「移行期の長州における穀物消費と人民の常食」『三田商学研究』第二五巻四号、一九八二年
速水佑次郎『日本農業の成長過程』創文社、一九七三年
鈴木尚『骨から見た日本人のルーツ』岩波書店、一九八三年
中井信彦『幕藩社会の商品流通』塙書房、一九六一年
鬼頭宏「近世日本の主食体系と人口変化」速水融・斎藤修・杉山伸也編著『徳川社会からの展望――発展・構造・国際関係』同文舘、一九八九年

鬼頭宏『日本二千年の人口史——経済学と歴史人類学から探る生活と行動のダイナミズム』PHP研究所、一九八三年
小山修三・五島淑子「日本人の主食の歴史」石毛直道『論集　東アジアの食事文化』平凡社、一九八五年
荒野泰典『近世日本と東アジア』東京大学出版会、一九八八年
五島淑子『一九世紀中葉の日本の食生活に関する研究—『防長風土注進案』および『斐太後風土記』の分析を通じて』（報告書）一九九〇年
菊池勇夫『アイヌ民族と日本人—東アジアのなかの蝦夷地』朝日選書、一九九四年
佐々木高明『日本の焼畑』古今書院、一九七二年

第十五章
内田星美「江戸時代の資源自給システム試論」『人文自然科学論集』東京経済大学、六一号、一九八二年

第十六章
今村鞆『人参史』朝鮮総督府、一九三六年
上田三平著・三浦三郎編『改訂増補日本薬園史の研究』渡辺書店、一九七二年
安田健『江戸諸国産物帳—丹羽正伯の人と仕事』晶文社、一九八七年
川島祐次『朝鮮人参秘史』八坂書房、一九九三年

田代和生『江戸時代 朝鮮薬材調査の研究』慶應義塾大学出版会、一九九九年
大石学『吉宗と享保の改革』東京堂出版、一九九五年
笠谷和比古『徳川吉宗』ちくま新書、一九九五年

第十七章

岡光夫・飯沼二郎・堀尾尚志共編著『近代日本の技術と社会』第1巻、平凡社、一九九〇年
堀尾尚志「近世における脱穀調製技術の展開と性格」岡光夫・三好正善編『近世の日本農業』農山漁村文化協会、一九八二年
堀尾尚志「耕稼春秋の裏作論」、同「放浪の農学者」飯沼二郎編『近世農書に学ぶ』ＮＨＫブックス、一九七六年
堀尾尚志「日本における農業技術学の成立」『科学史研究』Ⅱ-12巻108号、一九七三年、二〇〇〜二〇五頁
Horio, Hisashi. "Farm Tools in the Nogu-Benri-Ron: Intensive Hoe-Farming during the Edo Period in Japan", *Tools & Tillage*, Vol. II, No. 3, 1974, pp. 164-85.
飯沼二郎・堀尾尚志『ものと人間の文化史――農具』法政大学出版局、一九七六年

第十八章

斎藤修『商家の世界・裏店の世界――江戸と大坂の比較都市史』リブロポート、一九八七年

斎藤修「余暇と労働」同『賃金と労働と生活水準―日本経済史における18―20世紀』岩波書店、一九九八年
T・C・スミス、大島真理夫訳「農民の時間、工場の時間」同『日本社会史における伝統と創造』ミネルヴァ書房、一九九五年

第十九章

小路田泰直『日本近代都市史研究序説』柏書房、一九九一年
鈴木正幸・水林彪・渡辺信一郎・小路田泰直編『比較国制史研究序説――文明化と近代化』柏書房、一九九二年
藤田弘夫『都市と国家――都市社会学を越えて』ミネルヴァ書房、一九九〇年
藤田弘夫編『飢餓・都市・文化』柏書房、一九九三年
中塚明編『古都論――日本史上の奈良』柏書房、一九九四年
川勝平太『日本文明と近代西洋――「鎖国」再考』日本放送出版協会、一九九一年
吉田伸之『近世巨大都市の社会構造』東京大学出版会、一九九一年
吉田伸之編『日本の近世9　都市の時代』中央公論社、一九九二年
松井透『世界市場の形成』岩波書店、一九九一年
福田歓一『近代政治原理成立史序説』岩波書店、一九七一年

執筆者紹介

川勝平太（かわかつ　へいた）　　序、二十章

＊巻末の編著者紹介を参照。

角山　榮（つのやま　さかえ）　　第一章

一九二一年、大阪市生まれ。京都大学経済学部卒業。現在、堺市博物館長、和歌山大学名誉教授。主な著書に、『イギリス毛織物工業史論』（ミネルヴァ書房、一九六〇年）、『産業革命と民衆』（編著、河出書房新社、一九七〇年）、『路地裏の大英帝国』（共編著、平凡社、一九八二年）、『茶の世界史』（中公新書、一九八〇年）、『時計の社会史』（中公新書、一九八四年）などがある。

西田宏子（にしだ　ひろこ）　　第二章

一九三九年、東京生まれ。慶應義塾大学文学部史学科卒業。文学博士。東京国立博物館勤務を経て、オランダ、イギリスに留学。一七、一八世紀における日本の陶磁器についての研究を手がける。現在、根津美術館学芸部長、慶應義塾大学文学部講師を兼任。主な著書に『日本陶磁全集23／古伊万里』（中央公論社、一九八〇年）、『世界陶磁全集8、14』（共著、小学館、一九七八年、一九七六年）などがある。

永積洋子（ながづみ　ようこ）　　第三章

一九三〇年、東京都生まれ。東京大学文学部卒。同大学院国史学専門課程終了。文学博士。東京大学文学部教授を経て、現在、城西大学経済学部教授。専門は日蘭交渉史。主な著書、訳書に『近世初期の外交』（創文社、一九九〇年）、『平戸オランダ商館の日記』（岩波書店、一九六九〜七〇年）、『コルネリス・スハープの南部漂着記』（キリシタン文化研究会、一九七四年）、『唐船輸出入品数量一覧　一六三七〜一八三三年――復元唐船貨物改帳・帰帆荷物買渡帳』（創文社、一九八七年）などがある。

真栄平房昭（まえひら　ふさあき）　　第四章

一九五六年、沖縄県生まれ。九州大学大学院文学研究科博士課程単位取得退学。日本学術振興会特別研究員などを経て、現在、神戸女学院大学文学部教授。専門は近世東アジアの国際関係史・琉球史。共著に『日本の近世1　世界史のなかの近世』（中央公論社、一九九一年）、『アジアのなかの日本史Ⅲ　海上の道』（東京大学出版会、一九九二年）、『アジアから考える〔3〕周縁からの歴史』（東京大学出版会、一九九四年）、『近世日本の海外情報』（岩田書院、一九九七年）など。

清水　元（しみず　はじめ）　　第五章

一九四一年、東京生まれ。早稲田大学政治経済学部卒業。早稲田大学大学院経済学研究科修了。、アジア経済研究所、長崎県立大学を経て、現在、早稲田大学政治経済学部教授。主な著書に、『アジア海人の思想と行動』（NTT出版、一九九七年）、『両大戦間期日本・東南アジア関係の諸相』（編著、アジア経済研究所、一九八六年）、『英国立公文書館の日本・東南アジア関係史料』（アジア経済研究所、一九九二年）などがある。

田代和生（たしろ　かずい）　第六章
一九四六年、札幌市生まれ。中央大学大学院博士課程修了。文学博士。現在、慶應義塾大学文学部教授。専門は、近世日朝交流史。主な著書に、『近世日朝通交貿易史の研究』（創文社、一九八一年）、『書き替えられた国書』（中央公論社、一九八三年）、『江戸時代朝鮮薬材調査の研究』（慶応大学出版会、一九九九年など。

宮嶋博史（みやじま　ひろし）　第七章
一九四八年、大阪市生まれ。京都大学文学部東洋史学科卒業。同大学院文学研究科東洋史専攻博士課程修了。現在、東京大学東洋文化研究所教授。主な著書に、『朝鮮土地調査事業史の研究』（汲古書院、一九九一年）、『地域からの世界史1　朝鮮』（共著、朝日新聞社、一九九三年）、『近代朝鮮水利組合の研究』（共著、日本評論社、一九九二年）、『両班（ヤンバン）』（中公新書、一九九五年）、『明清と李朝の時代』（共著、中央公論社、一九九八年）などがある。

ロナルド・トビ（Ronald P. Toby）　第八章
一九四二年、ニューヨーク市郊外のホワイト・プレンズ市生まれ。コロンビア大学大学院より文学博士。イリノイ大学、同東アジア言語文化学部長を経て、二〇〇〇年より東京大学文学部教授。専攻は日本近世史。主要な著書に『近世日本の国家形成と外交』、『行列と見世物』（黒田日出男と共編・著）、論文は「近世日本の庶民文化に現れる朝鮮通信使像」など、邦文・英文ともに多数。

斯波義信（しば　よしのぶ）　第九章
一九三〇年、東京市生まれ。東京大学文学部卒業。同大学院人文科学研究科修了。文学博士。東京大学東洋文化研究所所長を経て、現在、国際基督教大学教養学部教授。主な著書に『中国商業史研究』（風間書房、一九六八年）、『宋代江南経済史の研究』（東京大学東洋文化研究所、一九八八年）、『函館華僑関係資料集』（大阪大学文学会、一九七九年）などがある。

濱下武志（はました　たけし）　第十章
一九四三年、静岡県生まれ。東京大学文学部卒業後、同大学大学院人文科学研究科博士課程修了。一橋大学助教授、東京大学東洋文化研究所教授を経て、現在、京都大学東南アジア研究センター教授。主な著書に『中国近代経済史研究』（東京大学東洋文化研究所、一九八九年）、『近代中国の国際的契機』（東京大学出版会、一九八九年）、『朝貢システムと近代アジア』（岩波書店、一九九七年）などがある。

平石直昭（ひらいし　なおあき）　第十一章
一九四五年、東京生まれ。東京大学法学部卒業。千葉大学助教授などを経て、現在、東京大学社会科学研究所教授。専門は日本政治思想史。単著に、『荻生徂徠年譜考』（平凡社、一九八四年）、『天』（三省堂、一九九六年）、『日本政治思想史―近世を中心に―』（放送大学教育振興会、一九九七年）、共著に東京大学社会科学研究所編『現代日本社会4　歴史的前提』（東京大学出版会、一九九一年）編著に『アジアから考える5　近代化像』『同7　世界像の形成』（東京大学出版会、一九九四年）などがある。

横山俊夫（よこやま　としお）　第十二章
一九四七年、京都市生まれ。京都大学法学部卒。オックスフォード大学近代史大学院博士課程修了。同大学哲学博士。現在、京都大学人文科学研究所教授。国際高等研究所学術参与。専門は文化史。主な著書に、*Japan in the Victorian Mind*, London: Macmillan, 1987.『貝原益軒―天地和楽の文明学』（編著、平凡社、一九九七年）、『二十一世紀の花鳥風月』（共編著、中央公論社、一九九八年）、『人文学の新時代』（共編著、京都大学人文科学研究所、二〇〇〇年）などがある。

入江隆則（いりえ　たかのり）　第十三章
一九三五年、神奈川県生まれ。京都大学文学部英文科卒業、東京都立大学人文学部大学院修了。明治大学助

教授、ロンドン大学アジア・アフリカ学部客員研究員、オーストラリア太平洋アジア研究所客員研究員などを経て、現在、明治大学商学部教授。主な著書に『新井白石——闘いの肖像』（新潮社、一九八九年）、『敗者の戦後』（中央公論社、一九八九年）、『太平洋文明の興亡』（PHP研究所、一九九七年）などがある。

鬼頭　宏（きとう　ひろし）　第十四章

一九四七年、静岡県生まれ。慶應義塾大学経済学部、同大学院経済学研究科（博士課程）満期退学。現在、上智大学経済学部教授。日本人口学会・比較文明学会・日本生活学会理事。専門は経済史、歴史人口学。主な著書に『日本二千年の人口史』（PHP研究所、一九八三年）、『日本歴史の再発見』（共著、南窓社、一九八五年）、『人口一〇〇億人の世紀』（共著、ウエッジ、一九九九年）などがある。

内田星美（うちだ　ほしみ）　第十五章

一九二六年、東京生まれ。東京大学第二工学部、同経済学部卒業。現在、東京経済大学名誉教授、産業考古学会顧問。専門は技術史。主な著書に、『産業技術史入門』（日本経済新聞社、一九七四年）、『産業革命の技術』（編著、有斐閣、一九八一年）、『時計工業の発達』（服部セイコー、一九八五年）、『近代日本の技術と技術政策』（共著、東京大学出版会、一九八六年）などがある。

笠谷和比古（かさや　かずひこ）　第十六章

一九四九年、兵庫県生まれ。京都大学卒業後、同大学大学院博士課程修了。文学博士。現在、国際日本文化研究センター教授。著書『主君「押込」の構造――近世大名と家臣団』(平凡社、一九八八年)ではサントリー学芸賞を受賞。ほかに『徳川吉宗』(ちくま新書、一九九五年)『士(サムライ)の思想』(岩波書店、同時代ライブラリー、一九九七年)、『「日暮硯」と改革の時代』(PHP新書、一九九九年)などがある。

堀尾尚志(ほりお　ひさし)　第十七章

一九四四年、大阪生まれ。京都大学農学部卒業。農学博士。現在、神戸大学農学部教授。本来の専攻である農業機械学のかたわら農業史の研究を手がけている。主な著書に、『農具』(法政大学出版局、一九七六年)、『近代日本の技術と社会』(第1巻、平凡社、一九九〇年)などがある。

斎藤　修(さいとう おさむ)　第十八章

一九四六年、埼玉県生まれ。慶應義塾大学経済学部卒業。同大学経済学部助教授を経て、現在、一橋大学経済研究所教授。主な著書に、『プロト工業化の時代』(日本評論社、一九八五年)、『比較史の遠近法』(NTT出版、一九九七年)などがある。

小路田泰直(こじた　やすなお)　第十九章

一九五四年、兵庫県生まれ。京都大学文学部、同大学院文学研究科博士過程修了。京都橘女子大学助教授を

経て、現在、奈良女子大学文学部教授。著書に『日本近代都市史研究序説』（柏書房、一九九一年）がある。

〈編著者紹介〉

川勝　平太（かわかつ　へいた）

1948年、京都生まれ。
早稲田大学政治経済学部卒業、同大学院経済学研究科修了。D.Phil.(オックスフォード大学)。早稲田大学政治経済学部教授を経て、現在、国際日本文化研究センター教授。
主な著書に『日本文明と近代西洋—鎖国再考—』（NHKブックス、1991年)、『文明の海洋史観』（中公叢書、1997年)、『文明の海へ—グローバル日本外史—』（ダイヤモンド社、1999年)、『富国有徳論』（中公文庫、2000年)、編著に『新しいアジアのドラマ』（筑摩書房、1994年)、『アジア交易圏と日本工業化 1500〜1900年』（リブロポート、1991年)、『海から見た歴史』（藤原書店、1996年)。訳書に『鉄砲をすてた日本人』（ペリン著、紀伊國屋書店／中公文庫)、『アジア・アフリカの国際経済』（日本評論社)、『近世日本の国家形成と外交』（創文社)、英文著書に *The Japanese Industrialization and the Asian Economy,* Routoledge,(編著). *The Emergence of a World Economy,* Steiner(共著). *From Family Firms to Corporate Capitalism,* Oxford (共著)などがある。

〈検印省略〉

平成12年6月8日初版発行　　略称—鎖国

「鎖国」を開く

編著者　川 勝 平 太

発行者　中 島 朝 彦

発行所　同 文 舘 出 版 株 式 会 社

東京都千代田区神田神保町1−41 〒101−0051
電話　営業 03(3294)1801　編集 03(3294)1803
振替　00100−8−42935

製版：創生社
印刷：三 美 印 刷
製本：トキワ製本

ISBN4−495−86481−5